【改訂版】

92項目92図表

# 目標管理マニュアル

◆初心者にも実践できる簡素な機能の目標管理をイラスト解説した入門書

- 第1章 MBOはマネジメントの基本
- 第2章 MBOのしくみ
- 第3章 組織目標と個人目標
- 第4章 目標のつくり方
- 第5章 MBOと諸制度

串田 武則 著

経営書院

# 簡素で元気なMBOを目指せ
## ～改訂版はしがき～

　この本は，目標管理（MBO）の入門書です。管理者から第一線の社員までMBOの要点をやさしく，実務的に解説し，コンパクトに手引するのがこの本の役割です。職場の啓発書，導入マニュアル，入門テキストとして便利なように92項目に絞り，見開きに図版・イラストを入れ，どこから読んでもよいようにしました。本書を社内テキストにお使いになるときは，自社のシステムと異なるところは別途ガイダンスを用意なさるとよいでしょう。

　いま，人事管理は転換期の真っ最中で資格制度，賃金制度，人事考課制度，能力開発制度の大幅な見直しがおこなわれています。職能資格制度から職務資格制度へ，能力給から職務給・成果給へ，能力評価から職務評価・成果評価へ，丸抱え能開から能開機会提供型へと潮流が変わりつつあります。定昇制度は縮小・限定される一方，職務給・年俸制が増加しつつあります。

　これらの制度改革はクルマに例えればシャーシーであって，これのみでは機能しません。エンジンを搭載してガソリンに点火しなければなりません。ドライバーは職場の管理者であり，担当者です。これがマネジメント制度であり，マネジメント制度の核心はMBOです。

　静態的な人事制度に動きを与え，魂を入れるためには

MBOが必要欠くことができないものです。それにも拘わらずMBOがなぜうまく機能しないのでしょうか。その原因には人事考課制度との過度なリンケージ，MBO諸概念のあいまいさ，MBO事務の煩雑さなどがあげられましょう。これらについても，この本の中でひとつの答えを出しています。

MBOは放っておいてもうまくいく"オートマネジメント"を実現させてくれるものではありませんし，管理者が手抜きをしても業績が自動的に上がる魔法の杖を提供するものでもありません。むしろ管理者の英知と努力を従来に増して期待するマネジメントです。この本のすべてにわたって管理者も担当者も元気，はつらつと仕事にまい進するにはどうしたらよいかを見つめ続けています。

この本は「目標管理マニュアル」の改訂版です。1994年10月，この本が初めて世に出てからすでに10年の月日が過ぎようとしています。この間，実に多くの読者に恵まれ，ロングセラーになっているとのこと，著者としてこの上ないよろこびです。今回，数多くのご質問やコンサルティングにおける指導経験を踏まえ，次のような事項を充実させ理論・実務の両面でさらに役立つ手引書になるように努めました。

☆ MBOの背景・精神をしっかり述べた
☆ 日常業務と目標の関係をわかりやすくした
☆ 評価の考え方・仕方を詳しく説明した
☆ MBOと人事賃金制度の関係を具体的に明らかにした

☆ MBOのコンピュータ化，オンライン化に触れた

　MBOのオンライン化では単位業務をMBOと同時に更新し，職務調査をシステム的に統合しています。基礎構造を作りつつ，同時にマネジメントをライブに，目で見えるようにしていますので参考になさってください。

　今回の改訂増補に際して頁数の制約上索引は割愛させていただきました。ささやかな本書が前版同様，多くの皆様から愛され，MBOに花が咲き，大きな実がなることを念願しています。

2003年5月1日

串　田　武　則

# 目　次

改訂版　はしがき

## 第1章　MBOはマネジメントの基本 …………… 1

1-1　目的地を決めないで旅に出ることはない …… 2
1-2　MBOは組織の仕事のやり方です ……………… 4
1-3　仕事をQCDでチェックする …………………… 6
1-4　仕事の段取りや手段に問題はないか ………… 8
1-5　問題があるのが正常 …………………………… 10
1-6　問題意識をもつ ………………………………… 12
1-7　きびしすぎる個別管理はダメ ………………… 14
1-8　MBOは部下のやる気を尊重します ………… 16
1-9　「良い会社」10の条件 ………………………… 18
1-10　権限と命令を考えてみましょう ……………… 20
1-11　MBOは経営哲学である ……………………… 22
1-12　PDSがいちばん基本 ………………………… 24
1-13　PDCAはQCで多用される …………………… 26
1-14　MBOサイクルとはなんですか ……………… 28
1-15　管理者の「管理の仕事」とはなにか ………… 30

1-16 MBOは実践的な能力開発を促進する …… 32

## 第2章　MBOの仕組み ………………………… 35

2-1　MBOのあらまし ……………………………… 36
2-2　MBOのサイクル期間は6か月 ……………… 38
2-3　MBOシートとはなにか ……………………… 40
2-4　目標項目と達成基準 ………………………… 44
2-5　目標は組織に役立つ成果です ……………… 46
2-6　目標を立てなくても組織目標にコミット … 48
2-7　日常業務にもできるだけ目標を立てる …… 50
2-8　MBOは予算にアクションを与える ………… 52
2-9　売上予算は必達目標 ………………………… 54
2-10　生産・仕入れ部門の目標 …………………… 56
2-11　日常業務からも革新が生まれる …………… 58
2-12　目標の数は2ないし5つ程度とする ……… 60
2-13　定性目標の多くは革新目標 ………………… 62
2-14　目標は本人の能力より高め ………………… 64
2-15　組織の目標を支える ………………………… 66
2-16　将来の方向と一致している ………………… 68
2-17　施策・手段はゲーム・プラン ……………… 70
2-18　スケジュールの決め方 ……………………… 72

2-19　MBOは情報が命 …………………………… 74
2-20　期中は活発な意思疎通 ………………………… 76
2-21　コミュニケーションをよくするキーワード … 78
2-22　仕事の進行状況を知らせる …………………… 82
2-23　実施途中での条件変化 ………………………… 84
2-24　特命課題・飛び込み仕事 ……………………… 86
2-25　途中で人事異動があったとき ………………… 88
2-26　自己評価と上司評価 …………………………… 90
2-27　評価と設定は同一時期 ………………………… 92
2-28　MBOのドキュメンテーション ……………… 94

## 第3章　組織目標と個人目標 …………………… 97

3-1　全社目標は戦略から生まれる ………………… 98
3-2　部門目標は全社目標を支援する ……………… 100
3-3　カネの音がする目標に近づける ……………… 102
3-4　外から買える仕事，買えない仕事 …………… 104
3-5　目標設定には範囲予測を用いる ……………… 106
3-6　長期目標・複雑な目標の管理 ………………… 108
3-7　目標パッケージをつくる ……………………… 110
3-8　革新目標を生むための問題形成目標 ………… 112
3-9　組織の資産となっていない革新目標 ………… 114

3-10　目標設定は循環過程　……………………　116
3-11　上司の目標と部下にやってほしい推せん案　…　118
3-12　合同討議にかける　……………………　120
3-13　目標マトリクスを用いる　………………　122
3-14　共同目標・グループ目標を活用する　……　124
3-15　MBOとサークル活動　………………　126

## 第4章　目標のつくり方　………………　129

4-1　仕事にはCW・RW・MWの3種類ある　………　130
4-2　CWの成果をRW化する　………………　132
4-3　RWを革新しMW化する　………………　134
4-4　問題形成を日常化する　………………　136
4-5　3つのSを活用する　………………　138
4-6　3つのMから考える　………………　140
4-7　QCDでチェックする　………………　142
4-8　チェックリストを活用する　………………　144
4-9　VA的発想をしてみる　………………　146
4-10　ブレーンストーミングをする　……………　148
4-11　ワークデザイン的発想をする　……………　150
4-12　特性要因図で前後関係を明確に　…………　152
4-13　5W1Hとオズボーンのチェックリスト　………　156

| | | |
|---|---|---|
| 4-14 | フールプルーフとフェイルセーフ | ……… 158 |
| 4-15 | 動作経済の原則に立つ | ……… 160 |
| 4-16 | グラフに強くなる | ……… 162 |

## 第5章　MBOと諸制度　……………… 167

| | | |
|---|---|---|
| 5-1 | MBOの背景にある考え方 | ……… 168 |
| 5-2 | MBOは参画と自己統制のマネジメント | ……… 170 |
| 5-3 | 職務分掌規程を簡素化する | ……… 172 |
| 5-4 | 職務権限規程を絞る | ……… 174 |
| 5-5 | 目標があって経営組織がある | ……… 176 |
| 5-6 | 役職位は仕事の手段 | ……… 178 |
| 5-7 | MBOは人事制度の推進力 | ……… 180 |
| 5-8 | MBOと人事考課の関係 | ……… 182 |
| 5-9 | 年俸制に不可欠なMBO | ……… 184 |
| 5-10 | 達成成果の評価の仕方 | ……… 186 |
| 5-11 | 目標に延長戦はありますか | ……… 188 |
| 5-12 | 目標以外の成果も評価する | ……… 190 |
| 5-13 | 日常業務と目標の評価 | ……… 192 |
| 5-14 | 難易度調整の考え方 | ……… 194 |
| 5-15 | FDで目標シートを提出する | ……… 196 |
| 5-16 | MBOをネットに乗せる | ……… 198 |

5-17　賃金制度と人事考課　……………………… 200

巻末資料／205

# 目標のチェックポイント7ヵ条

**MBO スタート**

1. ●目標は組織の業績向上に貢献するか
2. ●目標はチャレンジャブルか
3. ●目標は上司の目標の助けになるか
4. ●目標は将来についての予測や仮定と合っているか
5. ●目標は他部門の目標と矛盾していないか
6. ●達成基準は検証可能か
7. ●施策・手段は実現性を確信させるか

**MBO ゴール**

# 第1章
# MBOはマネジメントの基本

## 1-1 目的地を決めないで旅に出ることはない

目標管理(MBO)は,新しいマネジメントの考え方,進め方です。MBOの進め方を旅行にたとえてみましょう。旅行に出る前には必ず目的地や交通手段や予算などの計画を立てます。目的地を決めないで旅に出ることはしません。「どこへいくか(目標)」「どんな趣旨か(方針)」「交通手段はなにか(手段)」「いつか(時期)」「どういうスケジュールか」「関係先はどこか」などを,はっきりさせます。

実際に旅行に出かけるとき(実施)には,更に細目をつめます。

> 時間の決定,飛行機やホテルの予約
> 昼食の場所,服装や持ち物の準備
> 常備薬の用意,天気予報
> 親しい人への連絡,お土産の算段
> 不測の事態の対応策など

これらの細目は「リクリエーション」「ちょっとゼイタク」という趣旨(方針)と「15万円」という枠に合わせて決定・実施します。

第1章　MBOはマネジメントの基本

## 🚩🚩 旅の計画 🚩🚩

| 目　標<br>（どこへ） | 別府温泉と観光地めぐり<br>総予算15万円 |
|---|---|
| 方　針<br>（もくてき） | リクリエーションなのでゆったりした日程とし，ホテル，交通手段はちょっとゼイタクにする |
| 手　段<br>（こうつう） | 往復　　　：飛行機<br>現地移動　：市内タクシー<br>阿蘇山観光：観光タクシー<br>ホテル　　：松の井ホテル |
| スケジュール<br>（どういう） | 11月1日　午前：羽田空港発<br>　　　　　午後：地獄谷めぐり<br>11月2日　午前：高崎山<br>　　　　　午後：水族館<br>11月3日　午前：阿蘇山遊覧<br>　　　　　午後：熊本空港発<br>　　　　　　　　羽田空港着 |
| 関係先<br>（れんらく） | あすなろ観光　山本さん<br>　　　　　　　　TEL.3988-1455<br>松の井ホテル（フロント）　竜田さん<br>　　　　　　　　TEL.234-2111<br>別府観光タクシー　白水さん<br>　　　　　　　　TEL.234-5678 |
| 評　価<br>（かんそう） | |

## 1-2 MBOは組織の仕事のやり方です

　MBOは「自分で目標を立て」「自分の裁量で実行し」「実行した結果を自分で評価」します。これがMBOにおける仕事の仕方です。MBOは仕事の担当者の自主性，主体性を最大限に尊重したマネジメントです。

　目標は今期やるべきことをいいます。売上高の達成や経費節減，仕事の革新・改善・向上など，なんでも歓迎です。目標は，本人が上司自身の目標や方針を解釈して自発的に設定します。たとえば，上司の目標が「現行事務の抜本的改善」であった場合，自分は受注伝票処理を担当しているのであれば，自分の目標は「伝票処理手順の簡素化」とか「例外処理基準の作成」などとなります。

　このようにMBOでは，あなたが部門の運営に積極的に参加することを期待しています。上司はあなたの目標設定や，目標の実施に際して，関係部署と調整したり，相談に乗ったり，アドバイスしたり，ときには励ましてくれます。

　実行過程は自己統制（self control セルフ コントロール）を基本とした本人の裁量にまかされ，期末になると自己評価をします。このようにMBOでは，組織の歯車になって埋没することなく，一人ひとり人間の顔が見えるマネジメントを目指します。

## 仕事の改善目標

### 1 目標

伝票処理手順の簡素化

### 2 達成基準

①即日処理　現在85％を95％に
②新帳票の設計
③フローチャートの作成
④例外処理基準書の作成

### 3 施策・手段

①処理手順の標準化
②帳票フォームを改善
③関係部署との打合せとPR

### 4 スケジュール

| | |
|---|---|
| 4月～5月 | 現在の問題点の分析 |
| 6月 | 関係部課との打合せ・調整 |
| 7月～8月 | 帳票設計 |
| | フローチャート作成 |
| | 例外処理基準書作成 |
| 9月 | 実施と手直し |

### 5

| 評　価 | 所　見 |
|---|---|
| ☐ 期待を越えて達成した<br>☐ ほぼ期待どおり<br>☐ 期待水準を下回る | |

## 1-3 仕事をQCDでチェックする

　仕事は順調に進んでいますか。混乱やミスがおきていませんか。テマ・ヒマがかかりすぎている仕事はありませんか。マンネリになっていたり，仕事のことでなにか悩んでいることはありませんか。

　仕事の問題点を見つける方法の1つに，チェック・リスト（check list）があります。チェック・リストの1つ1つの質問を自分の仕事に投げかけてみてください。問題点は，目標のタネになります。問題があれば，これをさらに分析，検討，整理して，目標に掲げて解決します。「問題＝目標」です。

| QCDチェックの意味 | | |
|---|---|---|
| Q | Quality：クオリティ | **品質**　ここでは仕事の質のこと |
| C | Cost：コスト | **費用**　ここでは時間がかかりすぎたり，ものを使いすぎること |
| D | Delivery：デリバリー | **引き渡し**　送達。配達。ここでは仕事の期限のこと |

# チェック・リストⅠ

## 仕事の品質について (Quality) | チェック

1. 仕事の成果にバラツキはないですか
2. いつもミスが発生している仕事はないですか
3. 顧客や他部門から苦情が発生していませんか
4. 記帳ミスが決まって発生する仕事はありませんか

## 仕事のコストについて (Cost) | チェック

1. いつも決って時間を食われる仕事はありませんか
2. テマ，ヒマをかけすぎている仕事はないですか
3. 転記が多すぎませんか
4. コピーが多すぎませんか
5. 光熱費を使いすぎていませんか
6. 一つの仕事で発行する伝票の数が多すぎませんか
7. 複写にできる伝票はありませんか

## 仕事の期限について (Delivery, Time limit) | チェック

1. いつもおくれている仕事はありませんか
2. 間に合わないで手抜きになっている仕事はありませんか
3. やっつけ仕事になっていませんか
4. 結果の出るのが遅すぎる仕事はありませんか
5. タイミングのよい報告ができていますか
6. お客さまを待たせることはないでしょうか

## 1-4　仕事の段取りや手段に問題はないか

　仕事の段取りや手段に問題があることもあります。テキパキとスムーズな仕事は，担当している本人はもとより，はた目にも気持のよいものです。

　銀行の窓口の仕事をみるとスピーディに，流れるように処理しています。計算も正確で，早いです。入力キーのブラインド・タッチ（キーを目で見ないで打つこと）も見事です。

　右の頁のチェック・リストを見てください。「ずいぶんたくさんあるなあ」と感じませんか。実はこれらのチェック項目は，どこの会社，どの部署でも通用するごく一般的な項目です。自分の職場のチェック・リストを作ってみると，もっとたくさん出てくることでしょう。

| メソッド | ツール |
|---|---|
| Method<br>方法。方式。やり方 | Tool<br>道具。工具。用具 |

| マニュアル | レイアウト |
|---|---|
| manual<br>仕事をするときの<br>手引書，指導書 | layout<br>機械や設備や机等を<br>仕事の流れに合うよう<br>に適切に配置する |

第1章 MBOはマネジメントの基本

## チェック・リストⅡ

| No | 仕事の段取りや手段について (Method, Tool) | チェック |
|---|---|---|
| 1 | 仕事は標準化されていますか | |
| 2 | 仕事をチェックする基準が確立されていますか | |
| 3 | 仕事は流れるようにスムーズに処理されていますか | |
| 4 | 必要なマニュアルは整備されていますか | |
| 5 | 3日もあれば新人でも一人前の仕事ができますか | |
| 6 | あなたが欠勤した場合，仕事がすぐ滞ってしまいませんか | |
| 7 | 仕事をする段取りは十分に研究されていますか | |
| 8 | 仕事をする道具は揃っていますか | |
| 9 | 事務用品，事務機などは，調子よく保守されていますか | |
| 10 | 職場のレイアウトがよくできていますか | |
| 11 | リズミカルに仕事が進んでいますか | |
| 12 | 書類や記録のファイルは適切ですか | |
| 13 | 書類や記録はすぐ取り出せるようになっていますか | |
| 14 | 職場環境は整理整頓されていますか | |
| 15 | ケガや事故のもとになる危険はありませんか | |

## 1-5　問題があるのが正常

　積極的に，責任ある態度で，しんけんに仕事に取り組んでいると，解決すべき問題が次から次に発生します。すべての職場は問題だらけです。

　会社を取り巻く環境は時々刻々と変化しています。社会がわたくしたちに期待する内容も変化し続けています。商品やサービスも新しくなっていきます。すべての状況は毎日変っています。仕事の内容，進め方，考え方もとうぜん革新が必要です。

　だから問題があるのがふつうであり，正常な姿です。
「わたくしたちの仕事は問題だらけです」
「解決をまっている問題が山積(さんせき)しています」
というのが正しいのです。
「わたくしたちの職場にはなんら問題はありません」
「すべて順調です。異常ありません」というのは，これこそ問題です。問題のないのがおかしいのであり，異常なのです。

　問題には「見える問題」「探す問題」「創る問題」の3種類あります。「見える問題」がたくさんあるのは困りますが，「探す問題」「創る問題」は大歓迎です。「探す問題」「創る問題」は，放っておけば1年後，3年後にいずれは「見える問題」になります。手後れにならないように探したり，創ったりするのです。

第1章 MBOはマネジメントの基本

# 🎊 問題には3つのパターン 🎊

## 見える問題パターン

すでに支障や不都合が発生している問題で，それを分析・整理して，ただちに解決に向けて挑戦すべき課題。**担当者の目標（作戦目標）** となる

## 探す問題パターン

「A商品の売上がだんだん下がっている」「B製品の付帯経費がかかりすぎる」「コンピュータによる情報処理がおそい」などと問題がありそうな状況（問題状況）にあるが，探さないと「本当の原因」「真の問題」が何かが，つかめない問題。**中間管理者の目標（戦術目標）** となる

## 創る問題パターン

現在は順調であるが，経営環境や前提条件が変化すると，ただちに支障が発生する問題。5年後，10年後をにらんで先手を打っておく問題。**経営幹部の目標（戦略目標）** となる

## 1-6　問題意識をもつ

　問題を解決するステップは3つあります。
①問題状況（問題がありそうだ）
②問題形成（これが問題だと輪郭をハッキリさせる）
③問題解決（望ましい状態をつくりだす）
　「見える問題」は，放っておけませんから問題を分析・整理して，ただちに解決に挑戦します。「探す問題」と「創る問題」は，まず「問題がありそうだ」と問題状況に気づかなければスタートしません。そのためには問題意識を持たなければなりません。
　仕事の担当者は，その仕事に責任と愛着を持っています。仕事をまかされ，その仕事の成果に責任感があるからこそ，「いつも，この仕事はやりにくい」「この仕事の，ここを，このようにしたい」「こうすればもっとやりやすくなる」といった気持になります。これを問題意識といいます。
　「これは自分の仕事だ」という自覚の中から問題意識は目覚めます。仕事を愛する，仕事の主人公になること，仕事に所有感をもつこと（ownership），そういう自覚が大切です。そして問題形成，問題解決能力をさらに高めるためには，いっそうの自己啓発，能力開発，情報の開示などが必要となります。

第1章 MBOはマネジメントの基本

## 問題解決のステップ

ジャンプ！

ステップ

ホップ

働きがい → 問題意識

問題解決

目標 → 挑戦

問題意識 → 問題形成

### 共通のモノサシ

「より創造的であること」……これが働く人たちの共通の価値尺度でなければなりません。働きがい，生きがいは，人間だけがもつ特権です。MBOでは，この人間労働の本質を職場社会に実現しようとするマネジメントです

### 「強い願い」を持ち続ける

問題意識を持って仕事をする，問題を分析，検討して目標に掲げる，仕事を通じて問題解決に挑戦する，いつもよりよい状態（結果）が実現されるよう「強い願い」を持ち努力する。このような努力を通じて，だれでもが創造的になることができ，働きがいをもつことができます

## 1-7 きびしすぎる個別管理はダメ

「支払伝票を作成してください」
「ここのところは,いままでのやり方でやりなさい」
「10時から11時まで消込みをしてください」
「消込みは佐藤さんと一緒にやってください」
「銀行へいってきてください」
「代理店の山田課長に書類を届けてください」
「この表を集計してください」
「パンフレットの在庫をチェックして補充してください」
「この仕事は2時までに仕上げなさい」など。

　部下の人たちが仕事に愛着を持ち,自発的,積極的に仕事に取り組めるようにするには,上司のマネジメントの仕方も関係してきます。もし,仕事をするにあたって,上司からいちいち指示・命令・監督を受けていたとするならば,部下はどんな気持がするでしょうか。

　1つ1つ細かな指示や命令を受け,監督されていたのでは,とてもたまりません。きびしくて,過ちを1つも許さない雰囲気です。このような管理スタイルを「厳格な個別管理」といい,望ましくない管理スタイルです。

# 息苦しくて疲れる職場

- こまごまとクチうるさい
- 高圧的で我慢できない
- 仕事の分担がハッキリしていない
- 仕事がバラバラだ
- 仕事の予定が立たない
- 仕事が場当り的で，計画的でない
- 手足だけ雇った仕事のさせ方だ
- 細かいことに，クチ出しが多い
- 上司の意見を部下におしつける
- いままでのやり方を頑固に守らせすぎる
- やる気がしない
- 毎日，監視されているようで，肩がこる
- 仕事に愛着も意欲も湧かない
- 仕事が終わるとグッタリする

## 1-8 MBOは部下のやる気を尊重します

職場の人たち(部下)は、仕事をするにあたって、どんな気持や希望や期待をもっているのでしょうか。「ほんとうの願い」を列挙してみましょう。

おねがいしますよ!!

「仕事の分担をハッキリさせてほしい」
「仕事をもっと計画的にできるようにしてほしい」
「細かいことにクチ出ししないで、もっと任せてほしい」
「手足だけ雇うことはできない。頭も気持も一緒です」
「もっと部下を信頼してほしい」
「自分の考え方を仕事の中でもっと取り入れたい」
「もっと自由な雰囲気で仕事をしたい」
「自分の仕事に愛情を持てるようにしてほしい」
「仕事を通じて自分の能力をもっと高めたい」

もちろん、MBOの立場からすれば、部下の願いを支持します。なぜならば、MBOは人間性を尊重し、部下を一人前の人間と認め、部下のやる気を信頼し「支持的な一般管理」を目指します。もっと自由で、のびのびした創造的な職場にするためにMBOが力を与えてくれます。

第1章　MBOはマネジメントの基本

## MBOの10か条

1. 仕事の責任と権限をもっとハッキリさせます
2. 仕事をもっと計画的にできるようにします
3. こまかなクチ出しはしません
4. 部下の頭や気持をタイセツにします
5. 部下のやる気を信頼します
6. 部下の意見や提案にミミをかたむけます
7. 理由もなく今までのやり方を押し付けません
8. 自由でのびのびした職場にしていきましょう
9. 部下が仕事に愛情や誇りを持てるようにします
10. 部下の能力開発をすすめていきます

## 1-9 「良い会社」10の条件

　ここに「良い会社」の条件を書いたリストがあります。このリストで1項目1点として自分の会社・職場を採点してみてください。

　いかがでしたか。これは「日経ビジネス」に掲載された「良い会社」度のチェックリストで、いろいろな会社で話題になっているものです。5点程度は当たって欲しいところです。

　5番から10番までの6つの項目をよく読んでみてください。これからはこういうマネジメントを目ざして積極的に改善・革新をしていかなければならないでしょうし、MBOが向かおうとしている方向も、まったく同じです。

　そして、上司のみなさんにぜひ認識しておいて欲しいことがあります。

　それは、会社全体としてMBOを導入したとしても、現実の職場においては上司である管理者の日常のマネジメントの良否が決定的に重要です。部下にとっては会社の方針にかかわりなく、上司の管理スタイルによって「良い会社」「悪い会社」が決定づけられてしまうのです。

第1章　MBOはマネジメントの基本

## 「良い会社」10の条件

1. 企業目的：どんな会社を目ざすのかが明確
2. 社会活動：市民として積極的な参加を奨励する
3. 休日：大切な休みを社用でつぶさない
4. サービス残業：時間外労働には対価が支払われる
5. 雇用契約：社員を人間として尊重する
6. 上下関係：上司への全人格的従属をせずに済む
7. 意思疎通：自由闊達（かったつ）な社内コミュニケーション
8. 自発性尊重：社員の希望をかなえ，納得ずくで仕事をさせる
9. 評価内容の公開：社内での自分の実績が分る
10. 専門能力：プロとして通用する能力が開発できる

【判　定】

| 9〜10点 | 6〜8点 | 3〜5点 | 0〜2点 |
|---|---|---|---|
| 良い会社 | まずまず良い会社 | ふつうの会社 | 悪い会社 |

## 1-10　権限と命令を考えてみましょう

　MBOは，部下の自主性を基本としたマネジメントです。部下の能力とやる気を信頼したマネジメントを行い，自由活発でのびのびした創造的な職場を実現しようとします。

　一方，管理者には決定権限があり，部下に命令する権限があります。「部下の自主性」と「権限・命令」をどのように調和させたらよいでしょうか。権限・命令の本質は次のとおりです。

 それは仕事のなかにあります

 それは仕事の状況が命じます

　この2つをよく理解しなければなりません。最終的な決定権限や指揮命令権は組織の原則どおり管理者にあります。しかし，それは部下に問題の在りかや緊急度を知らせたり，任務から逸脱した行為があった例外的なときにのみ行使されます。権限をカサに着て部下を服従させる高圧的なマネジメントは現代にふさわしくありません。

## 権限と命令

### ▶権限とは……「目標＝権限」

トップこそがすべての権限の源であるとする考えは間違いである。権限は，トップが部下に対して『ちぎっては投げ』『ちぎっては投げ』して下におろすものではなく，権限はその人の仕事に所属し，仕事とともに存続するものである。たとえば，トラックの運転手には配達の順序について，スピード調整について自分で決定する権限がある。権限は，そもそも仕事の機能・仕事そのものから生まれたものであり，トップから委任されたものではない。

### ▶命令とは……「仕事の状況＝命令」

命令とは，上司が部下を力ずくで服従させるものではない。命令とは，仕事を遂行していく過程において，いま自分が何を寄与しなければならないか，その状況を自分で判断するところに発生する。そのためには，部下に仕事の目的・意義，目標をよく理解させ，必要により教導し，情報を十分与えることが必要である。

### ※「命令の非人間化」

M.P.フォレットの所説は「人が人に命令」するのではなく「仕事が人に命令」する。MBOの遂行過程は自己統制（self control：セルフコントロール）によるという意味をみごとに説明してくれています。

## 1-11 MBOは経営哲学である

　P.F.ドラッカーは1954年「現代の経営」(practice of management)の中で，MBOの理論的基礎を提供しました。彼は，MBOは「支配による経営」を「自己統制による経営」に変換してくれるものであり，それは経営哲学といってもよいといっています。

　「支配による経営」とは，権限・権威によって人を畏怖・服従させるマネジメントをいい，「自己統制による経営」とは個人の意思を尊重し，参加と自己判断を基本とするマネジメントのことをいいます。

　目標設定時における上司との話し合い，目標シートの記入，目標マトリックスの作成，期中における目標遂行過程における自己統制，上司の適切なアドバイス，遂行結果の自己評価などの個別の形式や手続きも大切です。しかし，これら一連の実務の底には，経営管理についてのこのような基本的な考え方なり，哲学が流れています。

　期初における目標設定，期中のフォロー，期末の成果評価などは，新しい「事務手続き」「毎期の恒例行事」ではありません。個別の形式や手続きにこだわるあまり，新しいマネジメントの思想をないがしろにしてはなりません。

## 経営の哲学

ドラッカーは語る
「支配による経営から自己統制による経営へ」

　目標設定による経営の最大の利点は，(本人が)自分の行為をみずから統制することが可能になることであろう。自己統制は，より強い動機づけをもたらす。つまり，適当にしておこうという考え方を捨て，最善を尽くそうという熱望を起こさせるのである。自己統制によって，人々の仕事の達成目標はいっそう高まり，視野もそれにともなってより広いものとなる。

　目標設定による経営がもたらした大きな利益は『支配による経営』を『自己統制による経営』に変換することを可能にしてくれたことである。目標設定と自己統制による経営は，当然経営哲学と呼ばれてよいものである。

Ｐ．Ｆ．ドラッカー「現代の経営」より引用

## 1-12 PDSがいちばん基本

　仕事を計画的にかつ効率的に進めるための基本的考え方に，PDS（ピーディーエス）という原理があります。これは，Plan（計画）・Do（実施）・See（評価）の頭文字をとったものです。

　仕事をするにあたっては，まず計画を立てます。つぎにこの計画を実現するために実施します。実施過程では計画を絶えずチェックし，寄り道しないようにします。そして予定の期限が過ぎたならば，はたして計画どおりに実現したかどうかを評価します。

　実施途中では，さまざまな困難が待ち受けていることでしょう。これを努力で克服して首尾よく計画が実現できたときは，満足感とともに大きな喜びを感じます。また，計画どおり実現できなかったときは，なぜ実現できなかったかを反省して，次の計画のときにその経験を生かします。

　計画を立てることにより，ヒト，モノ，カネ，情報，技術の必要量や，時間配分をどうするかが分かり，また途中での変化に柔軟に対応することができます。

　このような過程を繰返すことにより，仕事の発展も能力の開発もより効果的に行うことができるようになります。これは，ちょうどスパイラル・ノートのようになっていますから「スパイラル型発展」といいます。

第1章　MBOはマネジメントの基本

# プラン・ドゥー・シー

PDSはマネジメント・サイクルといいます

プラン　　　ドゥー　　　シー

PLAN ▶ DO ▶ SEE ▶ 次のPLAN

▶PDSのスパイラル型発展

## 1-13 PDCAはQCで多用される

　PDSは，QC(キューシー)サークルでも，少し形を変えて適用されています。

　QCサークルでは，PDCA(ピーディーシーエイ)といわれています。Plan(プラン)（計画）・Do(ドゥー)（実施）・Check(チェック)（結果の確認）・Action(アクション)（処置）の頭文字をとったものです。

　QCサークルのQCは，Quality Control(クオリティ コントロール)（品質管理）のことをいい，職場の仕事の成果（品質）をよりよいものに高めるサークル活動のことをいいます。同じ様な仕事をしている職場や，ある人の仕事の成果を次のステップで別の人が受継いで仕事をしている場合に，関係者が小さな集団を作って，よりよい成果をめざして改善活動をしています。

　職場のサークル活動には次のようなものもあります。

　JK活動…鉄鋼業の自主管理活動
　ZD活動…zero defects(ゼロ ディフェクツ)（無欠点）の略で職場のミスをゼロにする活動
　カイゼン活動…自動車工業をはじめ広く普及している改善活動

　職場の第一線の人たちの場合，一人ひとり目標を立てないで，グループで目標（グループ目標）を立て，問題解決に挑戦する場合が多くなります。サークル活動は会社全体のMBOシステムの中に取り込んで位置づけるとよいでしょう。

## 管理のサイクル

　QCでは，PDCAは図のように円で示し「管理のサイクル」または「管理のサークル(円)」ともいいます。QCにおけるPDCAは現場の加工工程を管理するための考え方で，PDCAの1サイクルは「1期間」ではなく「1工程」と考えます。

[管理のサイクル]

①計画(plan)　　　目的・達成方法を決める
②実施(do)　　　　計画で決められた基準どおり実施する
③評価(check)　　実施結果を確認・評価する
④処置(action)　　評価に基づいて処置をとる

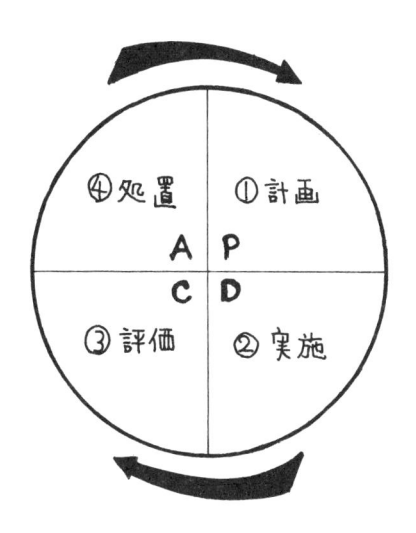

## 1-14 MBOサイクルとはなんですか

　MBOは，Management by Objectives through self control（自己統制による目標管理）の頭文字をとったものです。一般に「目標による管理」「目標管理」といわれますが，最近では単にMBOと呼ばれます。

　MBOもマネジメントの一般原理であるPDSを適用しています。MBOは次の過程で行われます。

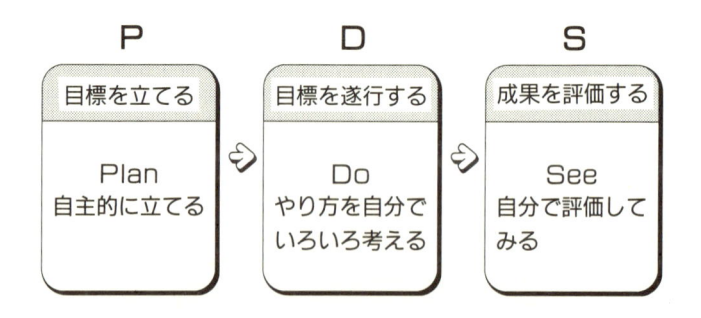

| P | D | S |
|---|---|---|
| 目標を立てる | 目標を遂行する | 成果を評価する |
| Plan<br>自主的に立てる | Do<br>やり方を自分でいろいろ考える | See<br>自分で評価してみる |

　MBOの目標設定・目標遂行・成果評価の過程をとくにMBOサイクルと呼びます。MBOサイクルは，PDSのマネジメント・サイクルとまったく同じことがわかります。実際の生産過程（ビジネス過程）はインプット→活動→アウトプットですが，MBOではアウトプット→活動→インプットの順で計画を立てます。

## フィードバック理論とMBO

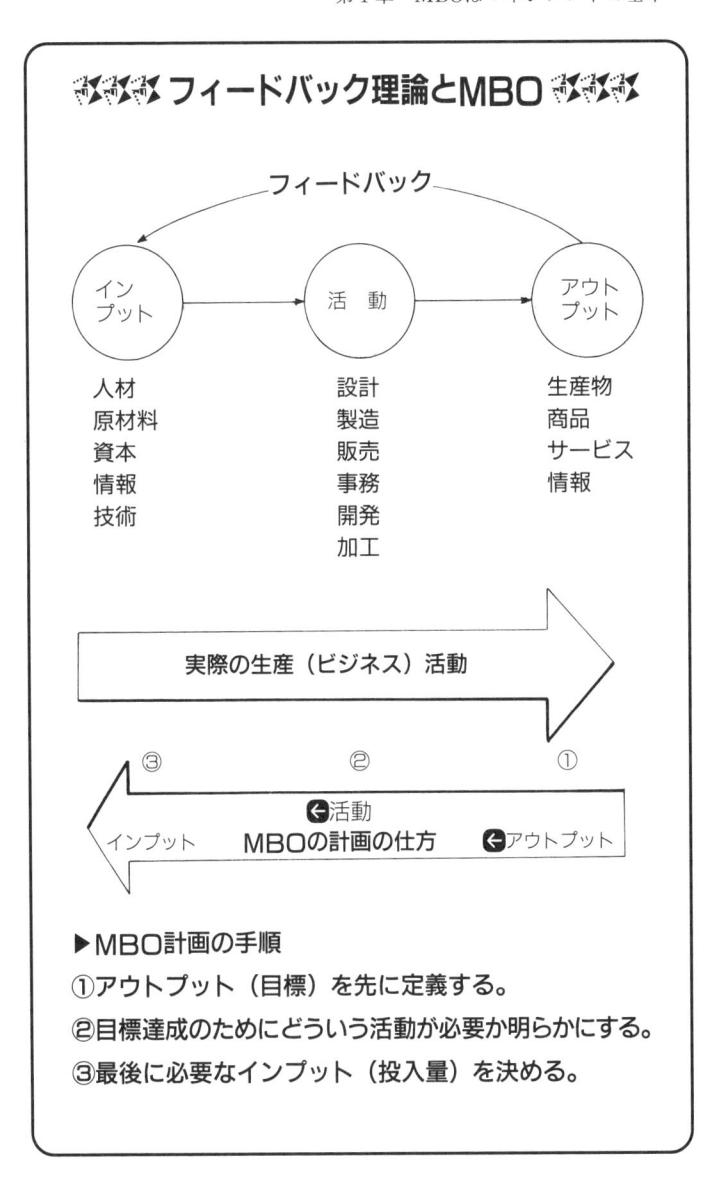

```
         フィードバック
       ┌───────────────┐
       ↓               │
   インプット → 活 動 → アウトプット
```

| インプット | 活動 | アウトプット |
|---|---|---|
| 人材 | 設計 | 生産物 |
| 原材料 | 製造 | 商品 |
| 資本 | 販売 | サービス |
| 情報 | 事務 | 情報 |
| 技術 | 開発 | |
| | 加工 | |

→ 実際の生産(ビジネス)活動

← MBOの計画の仕方　③インプット　←②活動　←①アウトプット

▶MBO計画の手順
①アウトプット(目標)を先に定義する。
②目標達成のためにどういう活動が必要か明らかにする。
③最後に必要なインプット(投入量)を決める。

## 1-15 管理者の「管理の仕事」とはなにか

　管理者には5つの仕事があります。それは①目標設定, ②組織化, ③動機づけ, ④評価, ⑤部下育成です。

　これらは, 総務・製造・営業というように固有業務の違いはあっても, 管理という面では共通にやっている仕事です。

　このように管理者の仕事も, やはりPDSを適用していることがわかります。5番目の「部下を育成する」ことだけは, とくに重要なので掲げられています。

　また, 管理者の仕事でハッキリさせておきたいことが3つあります。

① 管理者は「部門の経営者」です。書類にサインしたり, 決済することも重要ですが, これだけが管理者の仕事ではありません。

② 上司はその上の上司の仕事を適切にサポート (support：支援) しなければなりません。ふだんから報告や会話をして, 自分の部門の活動について正しい状況認識ができるようにしておきます。

③ 人事管理は「face to face」(対面) の場で行われるものであり, それは管理者の仕事です。人事考課も管理者の仕事です。

第1章　MBOはマネジメントの基本

## 管理者の「管理の仕事」

1. **部門の目標を立てる（Plan）**
   部下の参加を得て自部門の目標を立てる

2. **組織する（Organize：Planの一種）**
   目標を実現するために部下を組織化し必要な配置を決める

3. **部下を動機づけする（Motivate：Doの段階）**
   目標を実現する過程では、ふだんから部下と意見を交わし、部下に情報を与え、部下に助言・助力したり、励ましたりする

4. **評価する（See）**
   自ら部門全体の成果を評価したり、部下の業績を評価する

5. **部下を育成する**
   上記の①から④の過程の中で、部下がみずから成長しようとする環境を整えたり、正しく導く

## 1-16　MBOは実践的な能力開発を促進する

　MBOは，能力開発を促進してくれます。MBOは，社員の自主性を基本にしたマネジメントですから，仕事の中に自分の考えを生かすことにより，社員は自らの能力開発をすることができます。業績の向上と社員の能力開発が，MBOの2大目的です。

① MBOは，人をより創造的にしますから仕事ができる人間，積極的でヤル気のある人間にしてくれます。前向きで問題解決に強い社員を育てます。

② 知識や技術を目標達成・問題解決のために総動員することにより，実践的な能力開発が行われるとともに，個々に不足している能力や技術（教育必要点）もはっきりしてきますから自己啓発への意欲が高まります。

③ 能力開発の基本は，本人の明確な問題意識と向上心であり，それにはMBOを通じたOJTがもっとも有効です。

④ 管理者は，次代を担う部下を育てなければなりません。部下の育成は管理者の会社・組織に対する責任です。MBOの仕組み自体が，部下の成長を促進する教育システムになっていることを認識してください。

## MBOの2大目的

(イラスト: ラクダの2つのこぶに「自らの能力開発」「業務の向上」と書かれている)

### OJT
on the job training
〈オー・ジェー・ティ〉
OJTは,仕事を通じて能力を開発することをいう
OJTは能力開発の基本
OJTは,MBOサイクル(設定-遂行-評価)のすべてを通じて展開される

### Off JT
off the job training
〈オフ・ジェー・ティー〉
Off JTは仕事を離れた教育訓練。新入社員教育,管理・監督者教育,職能教育,通信教育など。これらの教育は基本的には自己啓発援助の性格をもち,たくさんの教育メニューを用意したメニュー方式としている会社も増加しつつある

# 第2章
# MBOの仕組み

## 2-1 MBOのあらまし

　MBOを上司と部下との関係に限定して, その概要を図示すると「MBO概要図」のようになります。MBO概要図は, まず, まん中のプロセス (process：管理過程) を中心に見ます。

　目標設定→目標遂行→成果評価の3つのプロセスが, MBOサイクルです。これを中心にして, 各プロセスで上司と部下にどのような役割りが期待され, 協力し合うべきかを示しています。

　MBOの全プロセスを通して, 上下のコミュニケーション (communication：意思疎通) が重要となります。MBOにより部下は自ら動機づけられますが, さらに活発なコミュニケーションを通じて上司はリーダーシップ (leadership：統率力) を発揮し, 部下は上司の優れたリーダーシップの下にモチベーション (motivation：動機づけ) されるという関係にあります。

　MBOでは情報が命となります。「いま会社の業績はどうなっているか」「環境条件はどう推移しているか」など上司は部下に情報をドシドシ与え, 部下が自主的な判断ができるようにしなければなりません。情報は実施過程の自己統制のためばかりではなく, 目標設定, 成果評価のときにも必要です。

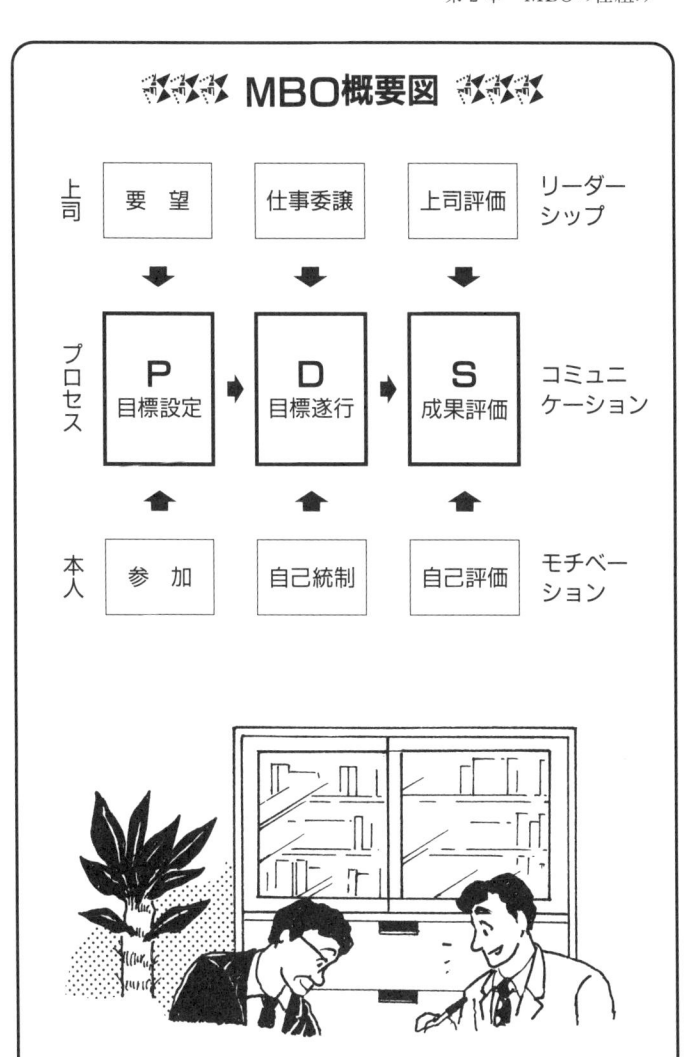

第2章 MBOの仕組み

## MBO概要図

| 上司 | 要望 | 仕事委譲 | 上司評価 | リーダーシップ |

↓ ↓ ↓

| プロセス | P 目標設定 | D 目標遂行 | S 成果評価 | コミュニケーション |

↑ ↑ ↑

| 本人 | 参加 | 自己統制 | 自己評価 | モチベーション |

「仕事委譲」は一般には「権限委譲」というが、ここでは仕事の中に権限も含んでいるという考え方をしている。

## 2-2 MBOのサイクル期間は6か月

　MBOは目標の「設定→実施→評価」のサイクルで行われます。この期間をMBOのサイクル期間といいます。MBOのサイクル期間はふつう「6か月」です。期の初めに目標を設定し、期中に実施、期末に実施した結果を評価します。

　サイクル期間が「6か月」ということと、目標達成に要する「実質的期間」は異なります。長期経営計画の1年目を目標に掲げるような場合、企画・調査・分析、立案には長期間必要ですし、研究開発、技術開発などは1年以上の期間を必要とします。逆に日常業務の改善では3か月という短期間の場合もあります。つまり、目標の性格・内容により3か月、6か月、9か月、中には1年、2年、3年というように目標達成に要する実質的な期間は長短いろいろ考えられます。

　短期目標は最終ゴール（goal）が6か月の目標サイクル期間以内に到来する目標をいい、長期目標は最終ゴールが6か月を越えて継続する目標をいいます。次の年度に継続するので継続目標ともいいます。長期目標は、目標設定にあたって6か月後の中間的な達成基準を目標(中間目標)に掲げます。

　業種・業態によりサイクル期間を1年とする場合もあります。この場合の長期目標は1年超過の目標となります。

第2章 MBOの仕組み

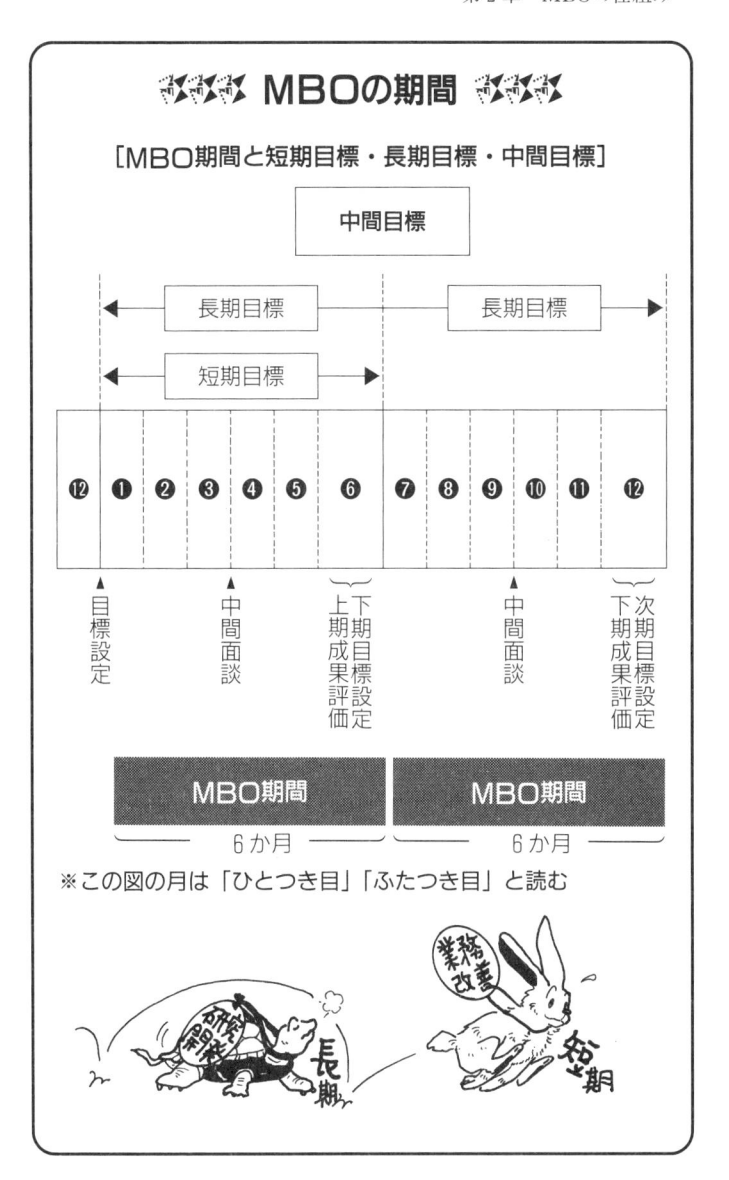

## MBOの期間

[MBO期間と短期目標・長期目標・中間目標]

```
                    中間目標
   ←──── 長期目標 ────→ ←──── 長期目標 ────→
   ←──── 短期目標 ────→
   ⓬ ❶ ❷ ❸ ❹ ❺ ❻ ❼ ❽ ❾ ❿ ⓫ ⓬
   ▲     ▲         ▲         ▲
  目標  中間      上下       中間      下次
  設定  面談      期期       面談      期期
              成目             目成
              果標             標果
              評設             設評
              価定             定価

   ┌─ MBO期間 ─┐ ┌─ MBO期間 ─┐
       6か月         6か月
```

※この図の月は「ひとつき目」「ふたつき目」と読む

## 2-3 MBOシートとはなにか

　MBOはMBOシートを使用して実施します。MBOシートは次の4つの事項が記載されます。

### ①　目標項目（なにを）

　目標は今期やるべきことをいいます。売上高の達成や経費節減，仕事の革新・改善・向上など，なんでも歓迎です。目標の数は2ないし5項目程度に絞り，総花的にならないように重点化します。

### ②　達成基準（どれだけ）

　できるだけ数量化してください。数量化できない目標の場合は内容を箇条書きにして，よくわかるように特定します。

### ③　施策・手段・方針（どのように）

　目標をどのような施策・手段・方針のもとに実行するかを箇条書きします。方針には会社の戦略や倫理規定を含むことがあります。

### ④　スケジュール（いつ）

　右ページの例示のように矢印（←→）と活動内容を記入します。目標サイクル期間を6か月以下にしている場合はスケジュール欄を設けない事例もあります。

　なお，MBOシートは「目標記述書」「目標カード」と呼んだり，また企業独自の名称をつける場合もあります。

第2章 MBOの仕組み

# MBOシート(その1)

年度（上／下）MBOシート　　所属 機器販売課々長　　氏名 山本 佳彦

| | 主要◎○ | 目標項目（なにを） | 達成基準（どれだけ） | 施策・手段（どのように） | スケジュール 4 5 6 7 8 9 | 関係先（どこと） | 本人評価 | 上司評価 |
|---|---|---|---|---|---|---|---|---|
| 業績目標 | 1 ◎ | 製図機直注処理手続きの改善 | ①即日処理率 70%→95%<br>②受待時間短縮 5分→1分<br>③顧客満足度(CS)の向上 | ①機器販売部とサブライ販売部の内部監督手続きの改善（下期継続） | 分析　試案　試行 | サ販売課経理課 | A⑧C | A⑧C 顧客志向が浸透した |
| | 2 | | | ②受付処理伝票のLAN化（下期継続） | 分析 STS設計 機器購入 テスト | NEC 朝日リフト 電算課 | A⑧C 1か月遅れている | A⑧C よくやっている |
| | 3 | | | ③処理マニュアルの改定（下期継続） | 分析　試案　教育 | サ販売課総務課 | A⑧C | A⑧C O K |
| | 4 | | | ④顧客アンケートの実施 | 調査 質問設計 発送 報告 | サ販売課 | A⑧C | A⑧C 継続調査のこと |
| | 5 ◎ | 売上予算の達成 | ①STD機 15億円<br>②業務機 10億円<br>③関連機器 3億円 | ①特約店ルート 20億円<br>②DIYルート 3億円<br>③直 1 5億円 | 7億 6億5億 4億2億 4億 | | ④⑧C 30億円達成 | A⑧C DIYルートは大口運 |
| | 追加 | | | | | | A B C | A B C |
| 能開目標 | | 「システム設計入門」の研究 | システム設計の要点がわかる程度 | ①電算課のアドバイスを受けながら自己啓発<br>②書籍購入 | 基本研究　応用研究 | 電算課 | A⑧C | A⑧C 猛勉強した |
| | | | | | | | A B C | A B C |

※面談メモ<br>独創性の悪い面が出ており、顧客志向が弱い。会計処理手続きの是正、LAN化など重いテーマだ。

※加点事項（上記以外の革新・向上の事業、特命・飛込み業務）

※総合評価<br>積極的に仕事を打開しつつあるがLANは遅れているが評価できる。

①※欄は上司記入。 ②評価 A：基準を大きく越えて達成した。 B：目標をほぼ達成した。 C：目標を十分達成できなかった。

上司 吉田 和正

(注) スケジュールの欄は、MBO期間が6か月以内のときは修正してかまいません。

## MBOシート(その2)

| 年度 (上/下) MBOシート | | | | 所属 機器販売課主任 | | 氏名 斎藤 清 | |
|---|---|---|---|---|---|---|---|
| | 目標項目 (なにを) | 達成基準 (どれだけ) | 施策・手段 (どのように) | スケジュール 4 5 6 7 8 9 | 関係先 (どこと) | 本人評価 | 上司評価 |

| | 主要 | 目標項目 | 達成基準 | 施策・手段 | スケジュール | 関係先 | 本人評価 | 上司評価 |
|---|---|---|---|---|---|---|---|---|
| 業績目標 | 1 ◎ | 製図機受注処理業務のLANシステムの導入 (下期継続) | システム設計、機器購入をNシステム、デストランまで終え、予算1,500万円 | ①システム設計 処理フロー、入出力概要、インプットアウトプット 処理手続、例外処理、日末報告等の改装 ②設置・試運転 | 分析 打合 SYS設計 調整 テスト 機種選定 設置 | サ販売課 明日リフト 電算課 | A B C | A B C 先方都合で 日遅れ しかなかった |
| | 2 ○ | LAN用コンピュータおよび機器の調達 | | 機種別評価、機種選定、改装 設置・試運転 | 情報収集 機種選定 設置 テスト | NEC 明日リフト 電算課 | A B C | A B C 順調だった |
| | 3 ○ | サブライ受注伝票のLANシステムの適用 (下期継続) | サ販売課への振替処理手続の開発と評価の作成 | ①現行問題点の分析 ②改善案の作成と評価 ③改善案の試行と評価(平行作業) | ① ② ③ | サ販売課 | A B C | A B C 平行作業を よくやった |
| | 4 | 新機種(A-2機)の市場導入に伴う特約店支援助 | 導入初期間合を抑制し時間外を発生させない程度 | ①販売マニュアルの配付 (5ブロック全部) ②説明会開催 | ① ② | 販促課 セ技術課 | A B C | A B C 混乱なく定着した |
| | 5 | | | | | | A B C | A B C |
| 追加 | | | | | | | | |
| 能力開発目標 | | フローチャート作成能力の開発 | ソフト開発専門家とコミュニケーションができるレベル | ①電算課専門家のアドバイスを受けて専門書による自己啓発 | | 電算課 | A B C | A B C |
| | | | | | | | | |
| | | | | | | | | |

※総合評価 明日リフトの事前評価が甘かった面があるそうが過ぎる面の意合もある。 A B C

※加点事項 (上記以外の事実・向上の事実、特命・飛込み業務)

①※欄は上司記入。②評価 A：基準を大きく超えて達成した。 B：目標を注は達成した。 C：目標を十分達成できなかった。

※面談メモ 直注処理手続の改善は一部平行処理になるので、関係部門とよく打合せをして理解を得るように。

上司 山本 佳彦

(注) スケジュール欄は、MBO期間が6か月以内のときは廃止してかまいません。

第2章　MBOの仕組み

## 🚩🚩🚩 MBOシート（その3） 🚩🚩🚩

年度（上／下）MBOシート　　所属　機械販売課主任　　氏名　小林　裕

| 主要 | 目標項目（なにを） | 達成基準（どれだけ） | 施策・手段（どのように） | スケジュール 4 5 6 7 8 9 | 関係先（どこと） | 本人評価 | 上司評価 |
|---|---|---|---|---|---|---|---|
| 営業目標 1 ◎ | 直注処理マニュアルの改定（下期継続） | ①システム設計の結果を受け次改訂を完成させる　②完全実施は来期目標 | ①システム設計の把握　②討議案を作成し関係部門と審議 | ①──②  | ＊販売課電算課 | A ⓑ C | A ⓑ C 視覚化のエ夫は良い |
| 2 ○ | 直注新制度の教育 | 来期完全実施に支障を来たさないようにする | ①Q＆A集作成　②手続実務教育実施（第1次） |   | ＊販売課 | A ⓑ C | A ⓑ C この調子で来期続行 |
| 3 ○ | 顧客アンケート実施 | ユーザーの当社へのロイヤルティを分析し報告書にまとめる | ①過去1年間のクレーム等を調査　②アンケート概要を設計　③1,000件調査、調査結果の分析契約 | 調査 概要設計 報告 ①──② | | A ⓑ C | A ⓑ C CSが低い予想どおり |
| 4 ○ | 直注市場開発 | 売上高5億円 | ①推薦パックの作成　②主要設計事務所デモ実施（今期20社） | ① | | Ⓐ B C | Ⓐ B C 6種目達成今後期待大 |
| 5 | | | | | | A B C | A B C |
| 追加 | | | | | | | |
| 能力開発目標 | アンケート調査実務の能力開発 | 日常業務に適用できるレベル | 文献による自己啓発 | 実施 | | A ⓑ C 統計処理が難しかった | A ⓑ C 質問によるバイアス注意 |
|  |  |  |  |  |  | A B C | A B C |

※商談メモ
新しい処理手順（LAN）は、今後のリストラにつながるのでわかりやすさが命。
アンケート調査はひと項目を並べればよいというものでないことをシッカリ把握してかかること。

※加点事項（上記以外の事実・向上の事実、特命・飛込み業務など）

※総合評価
LANはやや遅れたが他の目標は終わりが順調

①本人記入。②上司記入。A：基準を大きく越えて達成した。B：目標をほぼ達成した。C：目標を十分達成できなかった。

上司　山本　佳彦

（注）スケジュール欄は、MBO期間が6か月以内のときは廃止してかまいません。

## 2-4 目標項目と達成基準

「目標項目」と「達成基準」とは異なります。「顧客サービスの向上」は目標です。「平均納品日数を3日に短縮」は達成基準です。

日常、目標項目と達成基準は厳密に区分して使い分けていません。「顧客サービスの向上。平均納品日数を3日に短縮する」が目標だ、というように使われます。

ところが、目標には環境条件の変化によって、期中に廃止・修正の問題が発生することがあります。目標を廃止する場合は「顧客サービスの向上」そのものを廃止することをいいます。目標を修正する場合は達成基準を「3日」を「2日」にしたり「4日」にすることをいいます。

▶実際に使われている表現

| 顧客サービスの向上／平均納品日数3日に短縮 |
|---|

⬇

| 目標項目 | 達成基準 |
|---|---|
| 顧客サービスの向上 | 平均納品日数を3日に短縮 |

( 目標項目は期中に廃止することがある )

目標修正●2日に短縮
　　　　●4日に短縮

# 達成基準はできるだけ数量化する

目標の達成基準はできるだけ数量化(計量化)する。達成基準は実施過程を自己統制し,成果を評価するときの基準となる。

| 予算 | 営業予算,経費予算,利益予算,原価予算 |
|---|---|
| 向上率 | 収入,利益,シェア,新規開拓,継続,新チャネル,件数,期間,回転率 |
| 節減率 | 人件費,旅費,交通費,交際費,広告費,販促費,印刷費,消耗品費,光熱費,電話代,ガソリン代 |
| 労務 | 残業時間,休暇日数,取得率,トラブル,強度,男女,組,直,年齢,勤続,賃金,退職金,賃金水準,時間単価,生産性 |
| 原材料 | ロット,サイズ,メーカー,納品先,産地,銘柄,時期,成分,期間,場所,部品数,検査,測定 |
| 作業 | ラインスピード,作業場所,レイアウト,機種,作業方法,速度,回転数,温度,湿度,圧力,質量,色調,彩度,治具,工具,金型,良品,損品,合格率,ブレ,包装,運搬,工数,活性,分散,偏差,確率 |
| 時間 | 上期・下期,四季,月,旬,週,日,昼夜,午前,午後,時,分,秒,開始・終了 |
| 天候 | 気温,湿度,気圧,晴,曇,雨,風,雪,乾季,雨季,日照 |

**定量目標**(ていりょうもくひょう)
　達成基準が数量化できる目標
**定性目標**(ていせいもくひょう)

　数量化できないか,数量化になじまない目標。研究,調査,企画,立案,開発などの仕事に発生。このようなときは達成状態を記述し,その内容を特定できるように箇条書きする。また,個別活動を別紙でスケジュール化し,スケジュールどおりに順調に遂行したか否かを評価する。

## 2-5 目標は組織に役立つ成果です

　目標は今期やるべきことで，組織に役立つ成果をいいます。次の○○にいろいろなコトバを入れてみてください。

```
今期は

○○の売上高を○○円達成する
○○の利益率を○○％達成する
○○の開拓を○○店確保する
○○の合格率を○○％に引き上げる
○○の原価を○○％低減する
○○の納期を○○日短縮する
○○のミスを○○％減少する
○○の仕事を○○のように改善する
○○の仕事の仕方を○○のように直す
○○の報告書を○○のように読みやすくする
○○の報告書を○○以内に提出する
○○の能力向上のため○○を勉強する
```

　目標は組織に役立つ成果ですから例えば「サッカーを学ぶ」「徳川家康を全巻読破する」といった私的なことは目標になりません。

　「役立つ成果」は効果性のことです。「目標を立てました」「実行しました」「達成しました」といっても，効果性がないのではヒト，モノ，カネ，ジカンの無駄使いです。これを擬似目標といい，形は目標に似ていますが実態は目標でもなんでもありません。目標を立てるときは上司・部下の間で「それをやったらどうなるのか」をよく話し合う必要があります。

第2章　MBOの仕組み

# 目標のポイント

## 1 業務目標のポイント

### ❖目標の条件
- 組織に役立つものであること
- 2個ないし5個程度に集約する

### ❖定常業務の条件
- 期待された水準で円滑に遂行されること
- 細かな単位業務のすべてに目標(達成基準)を立てることをしない
- 業務マニュアル，処理基準を設定して管理する

## 2 能力開発目標のポイント

### ❖能力開発目標
- 仕事の開発，遂行，改善に直接関係するものに限定。実施結果は必ず評価する
- 一般的な自己啓発は目標としない

### ❖私的な目標
個人の心掛としていくら立派でも目標とならない

## 3 疑似目標

真の目標でない。それを認めた管理者の責任である

## 2-6 目標を立てなくても組織目標にコミット

「旅の計画」では目標のイメージがよくつかめたのに,いざ自分の仕事にあてはめようとしたら,どういう目標を設定したらよいか考え込みます。「旅の計画」はプロジェクト型で,あなたの仕事はオペレーション型だからです。

MBO説明会ではいろいろな疑問・質問がでます。部下に目標を求めている上司自身に「目標がない」という例があります。これは組織の風土を変えるため社長命令が必要でしょう。「経理課の目標はなんですか」は間接部門の目標についての質問です。「日常業務に目標を立てることができません」はオペレーション型業務の目標の質問,「業務担当者には個人の目標はありません」は組織階層の高低に関する質問,「新入社員はどうしますか」は経験の深浅についての質問です。いずれも問題意識をもち,粘り強く追究する姿勢が必要です。

一般に会社が革新的で,直接部門,プロジェクト型,部課長,長い経験といった場合は目標が設定しやすく,この反対が比較的設定しにくい傾向があります。効果的な目標が立てられない場合は,上司の目標にコミット(commit:責任分担)する関係になります。つまり目標を立てなくても「自分は知りません」「関係ない」では通らないということです。

## 目標設定自己診断表

| 配点 | 5点 | 4点 | 3点 | 2点 | 1点 |
|------|------|------|------|------|------|
| 風土値 | 革新 | 革新的 | 改善 | 改善的 | 前例主義 |
| 直間値 | 直接 | 直接的 | 中間 | 間接的 | 間接 |
| PO値 | P型 | Po型 | PO型 | pO型 | O型 |
| 階層値 | 部長以上 | 次長 | 課長 | 係長 | 担当 |
| 経験値 | 21年以上 | 16-20年 | 11-15年 | 6-10年 | 5年以下 |
| タテ計 | 25点 | 20点 | 15点 | 10点 | 5点 |
| 目標 | 明白 | 明確 | やや明確 | やや不明確 | 不明確 |
| 必要度 | 15点以上は必須 | | | 10-14努力 | 9-5免除可 |

| あなたの得点 | 点 |
|---|---|

※この診断表は、目標の見つけやすさ、目標設定の必要度を自己診断するためのものです。目標から逃避する目的に使うものではありません。目標はあなたの成長、仕事の満足度向上のためにぜひ必要なものです。

※PO値はプロジェクト型（Project：企画，計画，課題），オペレーション型（Operation：実施，運用，操作）の頭文字をとったものです。大文字は主，小文字は従です。

## 2-7　日常業務にもできるだけ目標を立てる

　日常業務は毎日の繰り返し業務です。日常業務はルーチン・ワークのことでRoutineは廻（めぐ）ってくるという意味です。日常業務は会社の立場からみると，きわめて重要な位置づけにあります。長年にわたる製品開発，工場建設，販売組織の整備などの投資や努力は，日常業務から上がった収益ではじめて回収できるのです。したがって，日常業務を順調に遂行していくことは「かけがえのない仕事」「現在の利益を生む仕事」「順調でなければ大きな損害を発生させる仕事」です。そのために業務マニュアル，手順書，処理基準など失敗がないように，いろいろ工夫しています。

　しかし，日常業務に目標を設定することは，部課長，専門職，営業職などを除き，たいへん難しい面があります。そこで量の増大，質の向上，範囲の拡大の観点から，品質，内容，コスト，納期・期限，段取り・手段，標準化，機械化，IT化などの観点から目標を検討してください。業務マニュアル，仕様書，処理基準等の見直しも必要です。

　日常業務は「組織が歴史的に獲得・形成してきた基準」で確実に遂行しなければなりません。これは同僚が暗黙のうちに信頼し，頼りにしている基準です。この基準をより確かなものにしたり，改善したり，革新するのが目標となります。

## 日常業務の仕組み

## 日常業務とは!!

| 期待どおりの仕事ぶりが大切 |
|---|
| 現在の利益を生む仕事<br>かけがえのない仕事<br>予定どおり行われなければ，大きな損害を発生させる仕事 |

## 仕事が前後に密接に関係しているときの目標

- 関係者の協力を得る
  個人の目標にするときは，目標設定前にあらかじめ協力してくれるように関係者の了解を得る。
- 共同目標を設定する
  関係者が集まって共同目標を設定する。
- サークル活動の目標にする
  サークル活動があるときはサークルのテーマに取り上げる。これはグループ目標。

## 2-8 MBOは予算にアクションを与える

　MBOは，予算（営業予算・経費予算）に魂を入れ，血肉化する関係にあります。予算があるからMBOは要らないというものではありません。

　予算は，会社の計画を収益・費用・利益という形で金額に置き換えたものです。予算は，MBOサイクル期間の前に，会社の長期計画，全社目標に基づいて，その大枠は決定しています。付加価値（人件費，支払利息，地代，減価償却費，税金，配当金，内部留保）が決まれば，必要とする売上高や生産高（仕入高）の大枠は決まってきます。目標は，この予算を実現するために具体的な行動計画によってサポートします。

　予算は金額面から目標のガイド・ライン（guide line）を提供してくれます。また，予算は，予算統制という形で経費のコントロールをしてくれますし，目標に対して財務的な措置をしてくれます。また，予算には予算独自の働きもありますから，目標と予算とは，相互に協力・補完しあう関係にあります。

　MBOは組織の活動に焦点をあてています。成果を目指して行動することを本質としています。営業予算も経費予算も，実際の行動によってはじめて具体的な姿となります。

第2章　MBOの仕組み

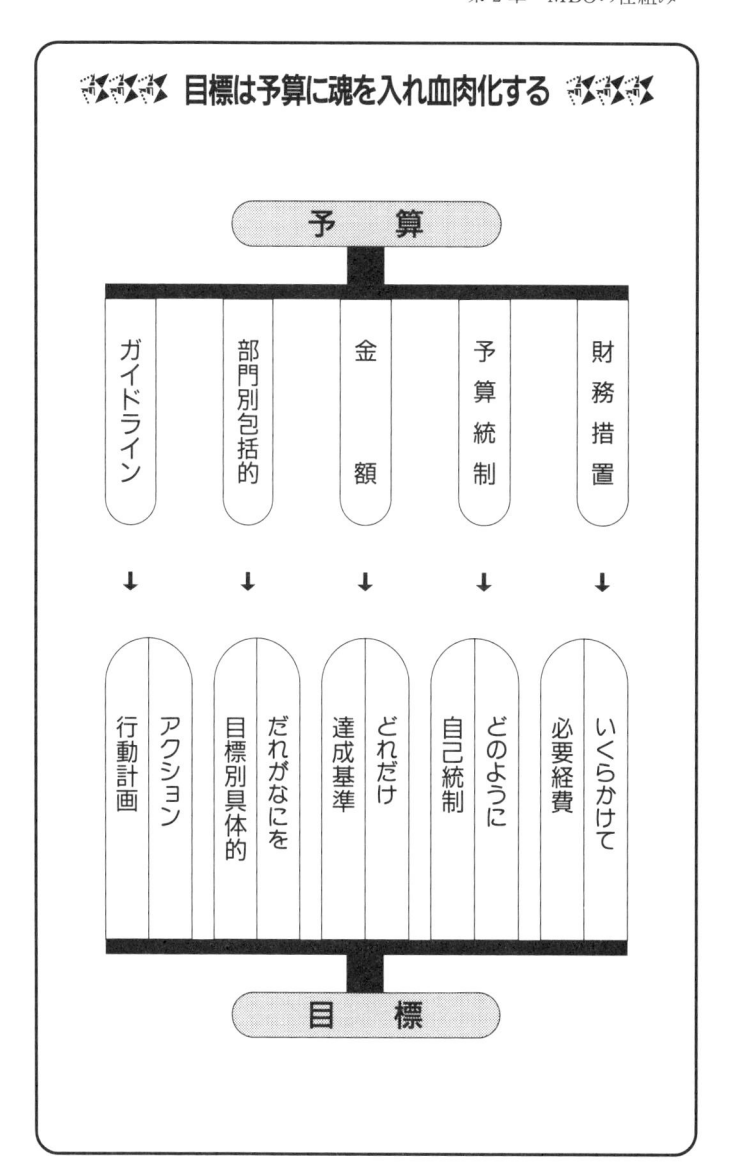

## 目標は予算に魂を入れ血肉化する

予　算

- ガイドライン
- 部門別包括的
- 金額
- 予算統制
- 財務措置

↓　↓　↓　↓　↓

- 行動計画／アクション
- だれがなにを／目標別具体的
- どれだけ／達成基準
- どのように／自己統制
- いくらかけて／必要経費

目　標

## 2-9 売上予算は必達目標

　営業部門の目標は売上高です。売上高，契約高，営業収入，付加価値高など「売上なければ経営なし」ですから，営業部門の最大の目標は売上高となります。売上予算は必達（ひったつ：必ず達成すること）目標です。売上高に並ぶ目標が営業利益です。

　売上高は事業活動を市場社会がどれだけ評価してくれたかの受け入れ度合い(acceptance／アクセプタンス)を示しています。売上高は事業の成長性（前年度より売上高がいくら伸びたか）を示す指標で，営業利益は収益性（儲けの程度はどうか）を示す指標です。

　営業部門では，売上高だけではなく革新・改善目標も必要です。「売上高50億円」を達成するための施策・手段として革新目標・改善目標が立てられます。「新チャネルの開拓」「販促方法の改善」「営業事務の改善」などはその例です。また，将来のために今取り組んでおかなければならない目標が必ずあるはずです。

　営業は数字で評価されるので不利だ，との若い営業マンの不満を耳にすることがあります。これは誤解で，経験を積むと事務の仕事の難しさがわかるようになりますし，また，逆にいえば数字で納得させる有利さもあるのです。

第2章　MBOの仕組み

## 営業予算と目標

**支店目標**

10億円

| 目　　　標 | 営業1課 | 営業2課 | 営業3課 |
|---|---|---|---|
| 予　　　算 | 5億円 | 3億円 | 2億円 |
| 新チャネルの開拓 | ◎ |  | ◎ |
| 販促方法の改善 | ◎ | ◎ |  |
| 営業事務の改善 |  | ◎ | ◎ |

**目　標**

| 予算を達成するための施策・手段としての目標 | 将来の戦略に向けての目標 |

## 2-10 生産・仕入れ部門の目標

　売上と生産・仕入は企業の2大機能です。売上目標を支えるために生産・仕入目標が立てられます。生産・仕入目標のターゲット（標的）は品質（Q），コスト（C），納期（D）です。部下のある人は，さらにマネジメントもターゲットになります。

　部門長の目標は品種（機種）別の数量，原価，内外製比率，仕入市場等に目標を立てます。生産・仕入数量は原則として売上数量と一致させます。ただし，「受注即納品」という場合はマレで，実際に納品するまでの仕掛り期間がありますから，この期間のズレは別途計算してください。

　部門長の目標をサポートするために各担当課はQCDの観点からどういう貢献ができるかをよく検討して目標を立てます。品質とコストは，一般に相反する目標となります。品質を高めるとコストが上がり，品質を下げればコストも下がります。どちらを重視するかは，そのときの戦略によりますが，「品質もコストも」が挑戦目標となります。納期の確保は顧客の利益に直結しています。そのためには生産工程全般にわたる挑戦が必要です。

　生産現場における安全性（safety）の確保はきわめて重要です。このためQCDにSを加えてQCDSを目標のターゲットとしている会社もあります。

## 🚩🚩🚩 生産部門の目標ターゲット 🚩🚩🚩

| Management：マネジメント | 適正配置<br>勤怠管理<br>規律管理<br>部下指導<br>教育訓練<br>職場管理 |
|---|---|

| Q | Quality：クオリティ | 与えられた品質基準を確保 |
|---|---|---|
| C | Cost：コスト | できるだけ安く生産（仕入） |
| D | Deliverly：デリバリー | 顧客への納期を厳守 |

| Safety：セイフティ | 作業方法<br>人員配置<br>指導教育<br>設備機械の整備<br>環境改善<br>災害発生時の措置<br>安全管理者会議 |
|---|---|

## 2-11 日常業務からも革新が生まれる

　医薬品卸売会社総務部のAさんは出張旅費業務担当です。高卒入社5年の事務職です。この会社では仕事柄営業マンの大半は常時出張しています。それも急なことが多く，事務手続き，切符手配，連絡に毎日振り回されていました。そこで課長の勧めもあり，抜本的な改革に取り組むことにしました。仕事を止めるわけにはいかないし，急に革新することはできないので第一着手（第1フェーズ）として「目標案を作る目標」を設定したのです。それが右頁に掲げた目標案です。

　次の期は第2フェーズで関係部署とよく打ち合わせをして1本の実行案を作成する目標を立てました。全体システム，個別手順，コスト，効果，例外処理，マニュアル，説明会などすべて実務的に詰めました。3期目は第3フェーズで，導入目標を設定し，見事完成しました。「箱の色」以外，核心部分はすべて取り込んで，3サイクル・1年半かかりましたが，それ以後，この会社から出張旅費業務はなくなりました。

　効果性が小さいと見られがちな日常業務であっても事態を大きく揺るがす目標が設定できるよい例です。一定階層以下は目標を免除するといった画一的な線引きをするのは望ましくないことがわかります。

第2章　MBOの仕組み

## 出張旅費業務の改善目標案

| 主要成果領域 | 業務出張の金銭負担軽減および宿泊・切符の事前確保による業務能率の向上を図る。 |
|---|---|

| 目標案 | 内容 |
|---|---|
| 分散処理 | 専任担当者が必要なのは出張が集中する期初と期末だけで，出張者個人ですべて処理した方が早い。 |
| カード化 | 金銭は，会社のクレジットカードまたは特定目的のクレジットカードですべて処理する。 |
| 出張減少 | 出張はイントラネットと地域販売責任制度によって，その回数を従来の2分の1に減少させる。（課長のアドバイス） |
| 一元化 | 旅費仮払い，精算業務を出張計画書，出張報告書と一元的に統合するシステムにする。 |
| 外注 | 切符，宿泊手配を旅行会社に一括アウトソーシングする。 |
| コンピュータ | 従来の手続きをコンピュータに載せて，ペーパーレス化を図るとともに経費勘定を自動処理することにする。（課長のアドバイス） |
| 標準化 | 経験の浅い担当者でも確実に処理できるように仕事を標準化し，旅費精算のカミングアップの仕組みを導入する。 |
| 箱の色 | 出張伝票を白い箱，精算待ち伝票を赤い箱に入れて整理するとともに，箱の中は日付のついた仕切りで区分することにする。 |
| IT化 | 地図の出発地と目的地をクリックすると経路，金額，所要時間が表示され，インターネットで切符の手配ができ，同時にビジネスホテルの空室状況が表示され，即時に予約できるシステムにする。（課長のアドバイス） |

※これはフェーズ1段階の目標の例示

## 2-12　目標の数は2ないし5つ程度とする

　目標の数はどの程度が適当でしょうか。すべての業務にすべて目標を立てるべきだとの考え方もありますが、目標は重点化するのが妥当です。すべての業務の基礎には「組織が歴史的に獲得・形成してきた基準」で遂行しなければならないとの一般原則がありますから、目標の数が少ないからといって怠けていることにはなりません。

　担当している職務の性格や守備範囲の広狭によって目標の数は多くなったり、少なくなったりする傾向があります。企画・プロジェクト業務中心か日常業務中心か。本社か支店・工場か。スタッフかラインか。部下の数が多いか少ないか。前者は後者より目標の数が多くなる傾向があります。

　また、目標のくくり方によっても、目標の数は異なります。「報告書の改善」という目標の施策・手段に「A報告書の改善」「B報告書の改善」があり、これを分割して、それぞれを独立した目標にすれば目標の数は2つになります。この場合、2つの報告書の改善が同じような改善方法で遂行されるならば、1つの目標としてください。施策手段が異なったり、改善のアプローチが異なる場合、あるいは仕事の種類自体が異なる場合は別の目標とします。

# 目標のくくり方

▶業務によって目標の数はちがってくる

| 目標の数が多い | 目標の数が少ない |
|---|---|
| 企画，プロジェクト中心<br>本社部門<br>スタッフ部門<br>部下の数が多い上司 | 定常業務中心<br>支店部門<br>ライン部門<br>部下の数が少ない上司 |

▶くくり方によって目標の数は変わる

| 目　　標 | 報告書の改善 → | この場合は<br>目標は1つ |
|---|---|---|
| 施策・手段 | ①A報告書の改善<br>②B報告書の改善 → | 分割すると<br>目標は2つ |

▶目標のくくり方

同じような施策・手段の場合は目標は大きくくくる

施策手段が異なったり，改善のアプローチが異なる場合や，仕事の種類自体が異なる場合は別の目標とする

## 2-13 定性目標の多くは革新目標

　研究・企画・開発・調査などの仕事は数量化できない目標（定性目標）である場合が多く，目標がもたらす成果を全部，正確に予測することが困難な場合があります。また，プラスの成果のほかにマイナスの成果も派生することがあります。

　定性目標は一般に革新目標に属する場合が多いものです。定性目標によって，事業，システム，組織の革新に大きな貢献をします。「数字は定性の世界から生れる」という格言があるほどですから，定量化が困難であっても「成果の状態を具体的に記述」したり「補助用紙で補足説明」したり「スケジュールを充実」するなりして，ドシドシ目標を立て，挑戦してください。

　定性目標の特殊なケースとして，主要成果について「太い幹」だけを上司と合意し，詳細を詰めないでスタートする場合もあります。多少のトライ・アンド・エラー（試行錯誤）をあらかじめ「計算されたリスク（risk：危険）」として合意しておきます。また，遂行過程においてフェイズ（phase：変化していく段階）ごとに軌道修正しながら，主要成果に到達するという方法をとることもあります。たとえば，「市場開発の着想→戦略検討→テスト・マーケティング→全国展開」というように不確定要素を確かめ，一部修正しながら段階的に接近していく方法です。

## ビジネス・ジャングル

### ▶成果の状態を具体的に

期中に目標が達成されつつあることを，
あなたは何によって知るか
期末になって目標が達成されたことを，
あなたは何によって知るか

## 2-14 目標は本人の能力より高め

　目標は仕事に対する挑戦ですから，自分の能力から判断して，やすやすと実現できる程度のものではなく，自分の能力よりやや高めに設定します。安易な目標では，達成のよろこびは半減しますし，自己成長にもなりません。

　低い目標は，人間の本性に逆らうこととなり，結局は人をスポイル（spoil：悪くする，だめにする）します。目標達成に向けてアタマとカラダをフル回転させてこそ，高い業績を達成することができ，また能力もひとまわり大きくなります。

　しかし，基本はこのとおりであったとしても，ここで注意を要することがあります。

① 「明らかに高すぎる目標」は設定してはなりません。高い目標に挑戦しようとする意欲は尊いのですが，実現できないと，全社目標，関連する他部門，他課の目標に影響が出ることがありますし，また未達による本人の挫折感（ざせつかん）も大きいからです。

② 「本人にとって挑戦」であれば，立派な目標といえます。MBOは社員一人ひとりに関心をよせた「個別マネジメント」を目指していますから，たとえ同期入社の標準から見て低い目標でも「本人にとって挑戦」であれば，それでよいとします。

第2章　MBOの仕組み

## 🎌 身の丈にあった目標 🎌

※新入社員は目標を立てません。

### ▶ヒトの能力やバックグラウンドはマチマチ

経験，年齢，勤続，学歴，専門，性格，好み，性向，能力開発，体力，忍耐力

### ▶ないものねだりはしません‼

MBOは，社員一人ひとりの能力をよく把握し，本人の実情を前提にした「個別マネジメント」です

ヒトの能力やバックグラウンドはマチマチだから，目標の高さ，難易度は揃えない。すべて本人の「現実」からスタートすることとし，「ないものねだり」はしません

## 2-15 組織の目標を支える

　個別の目標は，上司の目標と有機的な関連のもとに設定されます。上司の目標と関係なく目標が設定されたのでは，精力が分散されてしまい，大きな力になりません。

　設定された目標を組織のタテの系列で並べてみると，ちょうど網の目のようになります。部の目標を課で受け止め，課の目標をメンバー個々人が受けとめます。これを「目標の連鎖（れんさ）」といいます。この意味で，経営組織は目標の連鎖でもあります。

　「目標の連鎖」は目標設定過程では過度に強調してはなりません。部下の自主性を最大限に尊重し，部門の経営に参加してもらうためです。「部の目標」→「課の目標」→「課員の目標」というように，目標を上から下へ割り付けるものと考えてはなりません。目標の設定過程は上下に影響し合う「共鳴関係」「響き合い関係」にあります。

　上位目標・下位目標ということばは，目標の連鎖と関係しています。上司の目標が上位目標で，上司から見た部下の目標を下位目標といいます。

　目標設定にあたっては，ふつう職場ごとに合同討議を行いますから，自ずから組織目標を支えるものとなります。課の段階では，原則として課のメンバー全員による合同討議をします。部や支店の段階では，次長・課長や主要スタッフによる合同討議をします。

第2章　MBOの仕組み

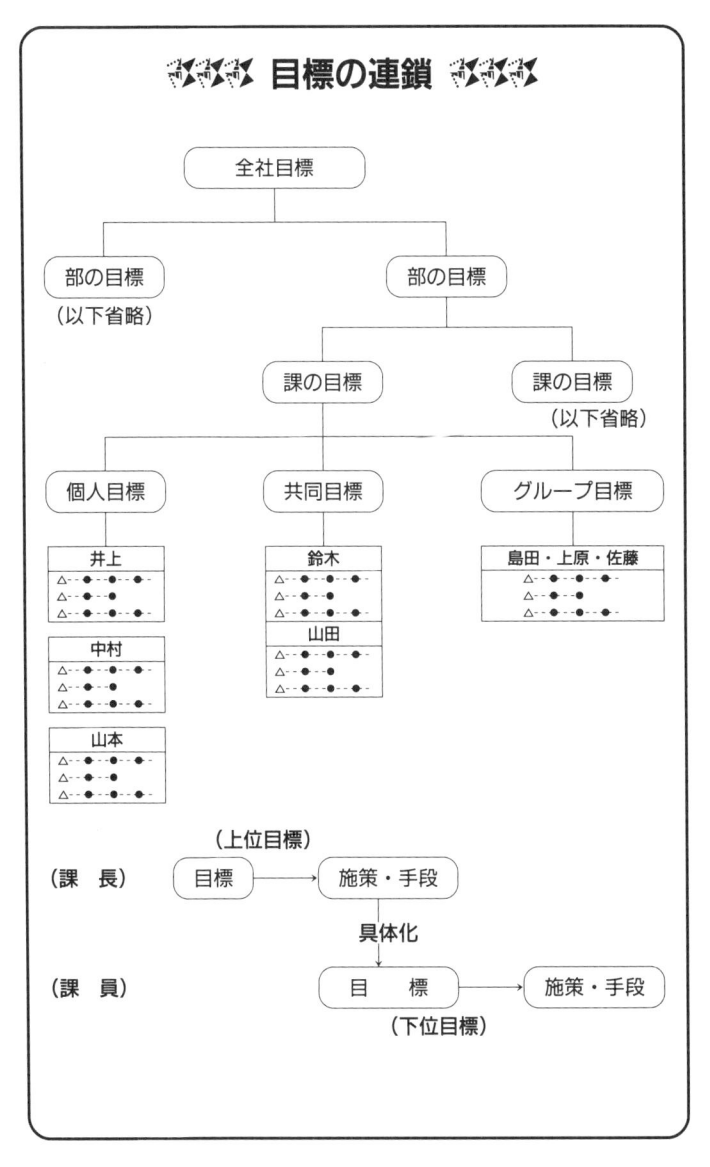

## 目標の連鎖

```
                    全社目標
                   /       \
         部の目標            部の目標
        (以下省略)           /      \
                     課の目標      課の目標
                    /    |    \   (以下省略)
              個人目標  共同目標  グループ目標

              [井上]    [鈴木]   [島田・上原・佐藤]
              △--●-●-●  △--●-●-●   △--●-●-●
              △--●-●-●  △--●-●-●   △--●-●-●
              △--●-●-●  △--●-●-●   △--●-●-●

              [中村]    [山田]
              △--●-●-●  △--●-●-●
              △--●-●-●  △--●-●-●
              △--●-●-●  △--●-●-●

              [山本]
              △--●-●-●
              △--●-●-●
              △--●-●-●
```

　　　　　　　　　（上位目標）
（課　長）　[目標] → [施策・手段]
　　　　　　　　　　　　↓ 具体化
（課　員）　　　　　　[目　標] → [施策・手段]
　　　　　　　　　　（下位目標）

67

## 2-16 将来の方向と一致している

　多くの会社・組織では、将来の事業展開にあたって、LRP（エル・アール・ピー：Long Range Planning：長期経営計画）を持っています。「3年後の経営環境は、これこれの状態になっているだろう」「そのため今からABCの施策を講じていく必要がある」といった計画です。目標は、このような会社の将来の予測・仮定・仮説・戦略と方向が合っていることが必要です。

　現代のMBOは6か月、1年といった短期的課題を遂行するだけではなく、LRPと密接な連続性のもとに運営されています。「LRP→MBO」のもとではLRPの1年目がMBO（上期・下期）によって具体的に展開される関係にあります。

　LRPは、企業目標、将来の国際関係、環境問題、産業構造、技術革新、経済成長率、国民の価値観、業界の予測、競争条件などについて、一定の仮定・仮説を立て、当社の選択すべき成長戦略を立てます。個別の目標がこれらの予測・仮定・仮説・戦略と矛盾しないことが肝心です。

　言葉を代えていうと、目標は上位目標とベクトル（vector：方向性）が合っていなければなりません。第一線の人は、このことをあまり気にかける必要はありませんが、部門長や幹部が目標を立てるときは、この点に十分注意を払う必要があります。

第2章　MBOの仕組み

## 戦略的長期計画プログラム

1) **目的**　企業の目的・使命を定義する

2) **環境**　事業環境を調査・分析する

3) **長所と弱点**　組織の長所と短所を現実的に評価する

4) **推定**　予測できない将来の事象を推定する

---

5) **目標**　主たる成果領域に目標を立てる

6) **戦略**　目標達成のため経営資源活用戦略を立てる

7) **計画**　目標達成のための長期・短期計画を立てる

8) **評価**　目標の達成度評価とコントロール

（目標・戦略・計画の変更，修正，報酬）

→ 個別目標の展開

9) **再検討**　次事業年度の目標設定前に目的，環境，長所・弱点，推定事項を再検討する

※R. H. ミグリオワ「戦略経営と目標管理」から引用

## 2-17 施策・手段はゲーム・プラン

　目標達成のための施策・手段（どのように）はゲーム・プラン（game plan）です。

　たとえば，富士山の頂上をきわめるという目標の場合，登山ルートは富士吉田口，須走口，御殿場口というようにいろいろあります。また，全部歩いていくのか，途中までバス，車，その他の交通手段を併用するのか，新しいルート，新しい方法を開発するのかなど，いろいろな施策・手段が考えられます。

　施策・手段は，達成すべき目標の成果と比較して，目的・コスト・緊急度の観点から釣り合いがとれていなければなりません。富士登山には，ヘリコプターを使うことも考えられます。しかし，登山が体力増進の目的ならば適切な手段ではありません。コストもかかり過ぎます。短時間に登らなければならない事情があり，コストを考慮しなくてよい場合ならば，ヘリコプターを使用してもよいでしょう。

　多額の経営資源（ヒト，モノ，カネ）を消費する目標の場合，あらかじめ詳細な調達計画を立て，関係部門と調整する必要があります。外部資源を調達する場合，外部と折衝し，あらかじめコスト，タイミング等の事前の打合せをしておく必要があります。

第2章　MBOの仕組み

### ムリ，ムダ，ムラ

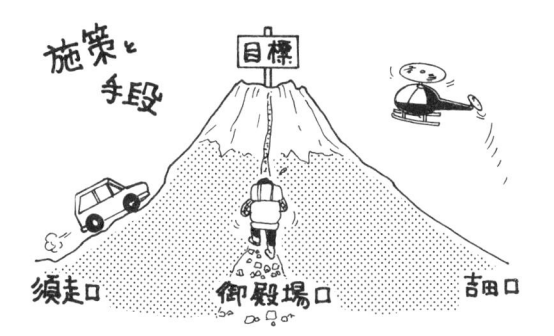

施策と手段　目標

須走口　御殿場口　吉田口

| ムリ | 目標＞施策・手段<br>目標に対して施策・手段が小さい |
|---|---|
| ムダ | 目標＜施策・手段<br>目標に対して施策・手段が大きい |
| ムラ | 目標＜＞施策・手段<br>目標と施策・手段がチグハグ |
| 効　率 | 目標＝施策・手段<br>目標と施策・手段が適正 |
| ネマワシ<br>も必要 | 多額の経営資源(ヒト，モノ，カネ)<br>を消費する目標<br>外部資源を調達する目標 |

## 2-18 スケジュールの決め方

　スケジュールに記入する要素は，着手時期，ステップ，達成時期の3つです。スケジュールは，緊急度，関連する他の目標のスケジュールと調和がとれている必要があります。

　**①着手時期**／着手時期は目標をいつからスタートさせるかの時期です。緊急度が高い目標が後回しにならないようにしてください。他の目標と前後の関係にあったり，シンクロナイズ(synchronize：同時進行)させる目標の場合は，スケジュールが適切か否か相互にチェックしてください。

　**②ステップ**／ステップは，目標の進行段階をカテゴリーに区切ることをいいます。「調査・検討」「実施」「評価」の各段階に分けたり，「第1フェイズ」「第2フェイズ」「第3フェイズ」に区分したりします。営業では月毎の売上目標金額を記入することもあります。必要により，詳しいスケジュール表を別に作成してください。

　**③達成時期**／達成時期で重要なことは，すべての目標達成時期を期末に集中させないということです。達成時期は，その目標が本来必要としている期間より長くしてはいけません。多くの目標の達成時期が期末にずれ込む傾向がありますから，そうならないように注意してください。

# スケジュール表の作成

ステップ型

| 12 | 1 | 2 | 3 | 4 | 5 | 6 | 7 |
|---|---|---|---|---|---|---|---|
|  | 事前準備 |  | 実 | 施 | 評 | 価 |  |

数量型

| 12 | 1 | 2 | 3 | 4 | 5 | 6 | 7 |
|---|---|---|---|---|---|---|---|
|  | 450 | 350 | 500 | 550 | 500 | 650 |  |

フェーズ型

| 12 | 1 | 2 | 3 | 4 | 5 | 6 | 7 |
|---|---|---|---|---|---|---|---|
|  | 第1フェイズ | | 第2フェイズ | | 第3フェイズ | |  |

[前期から継続している場合] ⟶ を使う

| 12 | 1 | 2 | 3 | 4 | 5 | 6 | 7 |
|---|---|---|---|---|---|---|---|
|  | 試行 | 評価 | 報告 |  |  |  |  |

[次期へ継続する場合] ⟵ を使う

| 12 | 1 | 2 | 3 | 4 | 5 | 6 | 7 |
|---|---|---|---|---|---|---|---|
|  |  |  |  |  | 企画 | 調整 |  |

※月は「ひとつき目」「ふたつき目」と読む

※目標サイクル期間が6か月以下の場合，目標シートにスケジュール欄を設けない例もあります。スケジュールが重要な意味を持つときは別紙に書いて上司，関係者と合意しておくとよいでしょう。

## 2-19 MBOは情報が命

　MBOは情報が命です。目標の設定－遂行－評価の全過程において，情報がきわめて重要な役割りを演じます。会社内外のそのときどきの情報をよく知らされることにより，MBOのサイクルがよく機能します。

　自分がどういう環境と制約条件の中で仕事をしているのか，自分がいまどういう位置にいるか，いま会社や部門がどういう方向に進んでいるかが分からなければ，問題意識は芽生えませんし，問題形成もできませんし，適切な自己統制もできません。自己評価も的はずれの観点から行われるかも知れません。

　「由らしむべし，知らしむべからず」の立場から「知らしむべし，由らしむべし」の立場へ転換することが大切です。

　情報の質・量は，社員それぞれの目標によって異なります。すべての情報をすべての社員に提供する必要はありません。「MBOに必要な範囲で知らせる」が原則となります。しかし，現実の職場において一人ひとり異なる情報を提供するのは実務的にめんどうですから，とくに区別する必要がなければ，全員に知らせることとなります。

## 機密情報の取扱い

### ▶機密事項は絶無にできない

> 企業には機密がたくさんあります。トップに近い階層ほどこの種の機密が増加します
> 問題意識を共有するためには，できるだけ機密事項は少ない方がよいですが，機密にしなければならない事項を絶無にはできません

### ▶何が機密事項か自分で判断できること

> 何が機密事項で，それはどの範囲かは，いわれなくても各自が適切に判断できることが理想です

### ▶機密の寿命は数か月

> ほんの数か月の機密が守れない人は，機密情報を知る資格がないものとみなければなりません

## 2-20　期中は活発な意思疎通

いったん目標が設定されたならば，本人の自己統制にまかせるということだから，あとは評価の時期が到来するまでいっさいかまわず，じっと我慢して待たなければならないものと誤解してはなりません。上司・部下相互の間で活発な情報交換・意思疎通(いしそつう)が必要です。

### ①　自己統制を援助する

目標遂行過程は，部下の自己統制を援助する立場で，コミュニケーションします。これは，命令によって部下を支配・統制するのではなく，支持的態度で援助し，激励することです。コミュニケーションをよくし，部下を動機づけしてください。

### ②　環境づくりをしてあげる

部下が目標を遂行するために他部門と話をつけたり，外部と折衝したりして，その環境づくりに努力するのは，上司の務めです。

### ③　「なにか手伝うことはないかね」

どうしてよいか分からずに立ち往生している部下はいないか，一人悩んでいる部下はいないか，引っ込み思案の部下はいないか。上司は気軽に声をかけてください。

第 2 章　MBOの仕組み

## 意思伝達のプロセス

### 日常のコミュニケーション

自己統制を援助する
環境づくりをしてあげる
「なにか手伝うことはないかね」

### 設定時面談と中間面談

MBOでは,「設定時面談」と「3か月面談」とがあります

### 会議におけるブリーフィング

遂行過程においては,部長会,課長会,課内会議において目標の達成状況を報告するものとします。会議の冒頭に2～3分のブリーフィング(briefing：簡単な報告)

## 2-21　コミュニケーションをよくするキーワード

### 1 積極的傾聴 (active listening)

相手に自分を与え，相手の立場に立って，相手の意見を理解しようとする聴き方をいいます。talk at(to)ではなくtalk withで。メモをとるのも助けになります。

### 2 共感的理解 (emphatic understanding)

相手と同じ琴線を鳴らすことをいいます。これはテクニックではありません。相手の立場をよく理解しようとする誠実な姿勢から出るものです。「僕が君の立場なら，やはりそう思うだろうなあ」と理解することをいいます。

### 3 おくりもどし (feedback)

コミュニケーションは両面交通ですから，たえず相手の反応を確かめながら，相手が使っている言葉の意味を確かめながら，呼吸を合せて対話を進めます。「僕はＸＹＺと思います」「ああ，なるほど，君はＸＹＺであるというわけね」「そうです。だから……」というように話を進めます。

## 4 相手が話しやすい雰囲気

相手と「議論する」のではなく「質問する」ことが重要です。議論に勝っても相手の心は失ったことになります。強い質問は，相手が発言する意欲を封じてしまいます。

## 5 自分が話す時間は2分の1以下に

両面交通ですから当然です。ストップ・ウォッチを2個準備して自戒するのもよいでしょう。

## 6 時間を十分用意する

時間を十分とってください。継続して何時間でも話合ってください。
「君のためなら何時間でも」という覚悟が大切です。

## 7 心を開いて (open-minded)

こころを閉じる(closed-minded)ことをしない。閉鎖的な人は，相手を傷つけ，相手の成長を妨げるだけでなく，自己の成長を止め，独善に陥ります。

## 8 事実と推論を分ける

事実は事実として，推論は推論として分けて話すと誤解が少なくなります。
推論をあたかも事実のように話してはいけません。
「と思う」(I think) という言葉も重要です。

## 9 全能主義 (allness attitude)

自分は何でも知っているという態度で，相手の話をよく聴こうとしない態度をいいます。もし，知っていても，ことによると相手と解釈が違うかも知れません。
最後までよく聴くようにしましょう。

## 10 価値判断は自分に限定する

「美しい」「好き」「嫌い」などの修飾語を使用して話す場合は，それを自分に限定して (to-me-ness) 話す。「I think」が必要です。

## 11 二値的傾向 (two-valued-orientation)

「黒でなければ白だ」という考え方をする短絡的な悪い傾向をいいます。黒と白の間には多数の段階があります。「協力的さもなければ非協力的」という分け方も同じです。

## 12 相手を非難しない

事実を確かめる。よく聴く。相手に気づかせる。非難したらそこで終りとなってしまいます。

## 13 全体を聴く

言葉じりをとらえることなく，相手が本当に言いたいことを聴くように努める。
質問をしたり，「もっと教えてください」という姿勢も重要です。

## 2-22 仕事の進行状況を知らせる

　設定された目標を遂行する過程は，自己統制にまかされます。目標遂行にあたって必要な権限はあなたに大幅に任されます。目標はあなたの判断でドシドシ進めてください。自分で考え，自分で判断する力が養われます。また必要な知識は積極的に身につけてください。

　目標を遂行していくあなたは仕事の主人公です。首尾よく目標が達成できるか否かは，あなたの努力にかかっています。そのためには「使えるものはネコの手も使う」といった積極性が必要です。

　上司の能力・経験を活用しない手はありません。あなたの上司は，あなたを手伝いたいと思っています。いままでの経験も役に立てて欲しいと希望しています。他部門との折衝の労をとってもよいと思っています。MBOにおいては「権限は使い切れ」という原則がありますが，ここでは「上司は使い切れ」がポイントとなります。

　自己統制にまかされるといっても，連絡・報告をしなくてもよいということではありません。上司や関係部門に口頭でよいですからこまめに報告・連絡してください。報告・連絡は相手の関心をあなたに引きつけておく戦略でもあります。

## 仕事の状況を知らせる法則

### 1　上司を引きつける

上司の関心を自分の方に引きつけ，折にふれてアドバイスを受けたり，手伝ってもらう。いま自分の目標の遂行状況は「これこれしかじかです」と，こまめに報告しておくことです

### 2　知らせる

知らせることによって，「知らなかった」といわせないように事を運ぶ。関係他部門に対しても，「知らせる」「連絡する」効果は，意外と大きいものです

### 3　マメである

相手を自分の仕事にコミットさせるためには，「フデマメ」「TELマメ」「報告魔」「あいさつ魔」になる

## 2-23 実施途中での条件変化

　目標は各種の前提条件をもとに設定されています。この前提条件が大きく狂ってきた場合，目標を修正しなければならない場合があります。目標の修正は，①目標自体を廃止・組替え，②達成基準の修正の2とおりあります。

　目標の廃止，組替えは，事業環境が激変した場合やその行為が反社会的とみなされるような場合，法令が改正になった場合，行政指導が変更になった場合，組織改正があった場合，競争条件が大きく変化した場合など，目標が依って立つ前提が変化した場合に発生します。

　一般に目標の達成基準を変更することはありません。ただし，他の目標の順調な遂行を前提にして一方の目標が設定されている場合，多くはリスケジューリング（スケジュールの練り直し）で済むことが多いのですが，まれには目標を修正する必要が出てきます。

　以上のほかは，原則として目標の修正はありません。目標として掲げた「努力の方向」が正しい以上，達成基準の期中における変更は原則としてありえません。また，目標間のウエイトづけ（％）をしないので，ウエイトの変更は修正理由にはなりません。

＊ウェイトづけの有無・方法は会社によって異なります。

第 2 章　MBOの仕組み

## 目標の修正

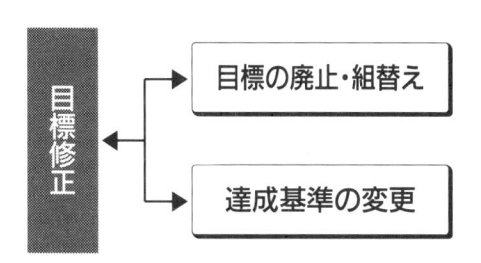

目標修正 → 目標の廃止・組替え
目標修正 ← 達成基準の変更

▶目標の廃止・組替え

　続行することが会社の不利益となるとき
　続行しても意味がないとき

▶目標の「達成基準」を変更

　他の目標と依存関係にあるときなど特別
　の場合に限る

## 2-24 特命課題・飛び込み仕事

　目標達成に努力している最中に組織の上の方から「特命課題」を命じられたり，予期しない「飛び込み課題」が発生すると，これを避けようとする傾向がないとはいえません。

　もともとMBOは課題中心の動態的経営を遂行するためのマネジメントを目指しているものですから，特命課題や飛び込み課題を忌避したのでは本来の趣旨に反します。

　トップからくる特命課題の多くは，各部門の報告を求めていることが多いものです。これは，もともと部下のサポート責任の範囲に属するものであって，決して特命課題ではなく，定常業務といえましょう。これを右往左往して課題と受け止めるのは，環境変化に対する日常のレディネス（即応態勢）ができていないことが原因かも知れません。

　飛び込み課題や異例事項の多くは，通常，定常業務の範囲内で処理されています。そのために例外処理システムもあります。例外処理システムから外れる事項は，上司の定常業務です。以上のとおりですから原則として「目標追加」の問題は発生しないと理解してください。

　期間がかかる課題や大きな課題は，目標シートに別枠で追加します。当初の目標は原則として訂正せず，続行するものとします。

## ✧✦✧ 飛び込み課題 ✧✦✧

### ▶MBOの評価は「総合的」に行う

特命課題や飛びこみ課題に柔軟に対処できないのでは，MBOは失敗といわなければならない

業績は期末になって「総合的に評価」するのであってMBOシートだけで数字合せをしない

## 2-25　途中で人事異動があったとき

　経営の必要，能力開発等の理由で期中に人事異動が行われることがあります。異動には，①本人の異動と，②上司の異動があります。「特別な事情」がない限り，人事異動によって組織の目標は継続して遂行されるものとします。人事異動によって戦力がダウンしたりアップしたりすることがありますが，そのことによって他部署に深刻な影響がないかぎり，目標を修正することはありません。さらに挑戦を継続し，また達成基準を越えてベストを尽くしてください。

### ①　本人の異動

　まず，懸案事項，これからの課題，関係先との状態など，業務に支障がないように引き継ぎ事項を整理します。上司は引き継ぎ事項を確認する過程で，本人の目標遂行状況を確認します。

### ②　上司の異動

　上司が異動する場合は，上記①のほかに，部下の目標の引継ぎ業務があります。上司評価を行い，後任者に引き継ぎます。

　異動先部署においては，部下各人と面接するとともに，部下のサポートを受けない上司独自の目標は必要により修正・追加をします。

第2章　MBOの仕組み

# 目標の引き継ぎ

## ▶なにを引き継ぐか―(引継書)

①今期目標と達成状況
②緊急処理事項
③懸案事項
④金銭関係

⑤重要書類
⑥取り引き関係者との商談状況
⑦部下の状況
⑧事業環境と人材ネット

## I. 日常業務

### 業務マニュアルによる引き継ぎ

①単位業務名
②単位業務の目的
③前後工程の仕事，担当者
④発生サイクル，所要時間 ◀
⑤使用帳票，用具
⑥仕事のステップと内容
⑦カンどころ，コツ

組織の知的資産の承継
後任者の育成
業務遂行基準の確認
業務改善・革新の資料
部門内業務の把握
人事異動資料

## II. 目標：目標シートによる引き継ぎ

|  |  |  |  |  |  |
|--|--|--|--|--|--|
|  |  |  |  |  |  |
|  |  |  |  |  |  |
|  |  |  |  |  |  |
|  |  |  |  |  |  |
|  |  |  |  |  |  |

## 2-26 自己評価と上司評価

　MBOの最終過程は，達成成果の評価です。達成成果の評価は，自己（本人）評価と上司評価の2つです。

　成果は，まず自分で自己評価します。本人が達成のよろこびを味わい，またうまくいかなかった場合は，なぜ失敗したかを反省し，そこから教訓を引出すことにより，自己成長が期待できます。

　上司は，部下の自己評価を聞き，成功をともによろこび，失敗の原因をともに検討します。部下の成功は上司の成功でもあり，部下の失敗は上司の失敗でもあるからです。

　自己評価も上司評価も目標の達成基準に対して，どの程度達成したかを評価します。期中における特命課題・飛び込み仕事・副産物は目標に加点して評価します。日常業務で目標を設定していない場合は，組織が歴史的に獲得・形成してきた遂行基準で評価します。これは仕事の質・量・時機等の基準になります。

```
成果の評価 ┬─ 目標（達成基準による評価）
          └─ 日常業務（組織の遂行基準による評価）
```

　難易度は別項目で調整します。
　なお，詳細は第5章でくわしく検討します。

第2章 MBOの仕組み

## 成果と副産物

### ▶成果は厳粛な事実

成果はあくまで客観的に評価するものとし他の要素で味付けしたり，修飾したりしない

### ▶チャレンジ失敗!!
だが副産物も

革新的・意欲的な目標が失敗に終わっても関連した領域で大きな成果（副産物）を上げることがある。これは目標の加点事項になる。

## 2-27　評価と設定は同一時期

　当期の目標サイクル期間が終了すると，成果の測定・評価を行います。3月決算の会社の場合，9月と3月が測定・評価の時期となります。この月は，今期の測定・評価と，次期の目標設定とが重なります。つまり，SEEの過程とPLANの過程とが一緒になります。一見，盆と正月が一緒に来たような忙しさを感じます。

　しかし，測定・評価については，中間フォロー，日常の報告，対話のなかで遂行状況は十分把握されていますから，1から始めるわけではありません。このため，達成成果はかなり正確・迅速に把握できます。次期の目標設定も，日常，問題意識をもって仕事をしていればスムーズにできるものです。

　目標サイクル期間の最終日は，厳密にいいますと6か月目の最終日です。しかし，測定・評価と目標設定とを1日で済ますことはできません。その結果，次期の目標設定が次期の目標期間に2週間程度食い込むこともあります。キリカエ時の目標遂行は原則として上司との口頭了解でドシドシ進めてかまわないのです。文書主義的な考え方に捉われないことです。

第2章 MBOの仕組み

# 評価と次期目標のキリカエ

### ▶キリカエ時の業務遂行

① 定常業務は休むことなく
② 業務の改善，創意工夫はドシドシ
③ 継続目標は，追求の手を緩めない
④ 内諾を得ている目標は直ちに
⑤ 緊急解決テーマは，口頭了解で
⑥ 上記以外で，新たなアクションになるもののみ決定まで待つ

### ▶当期の目標評価と次期の目標設定時期が重複する

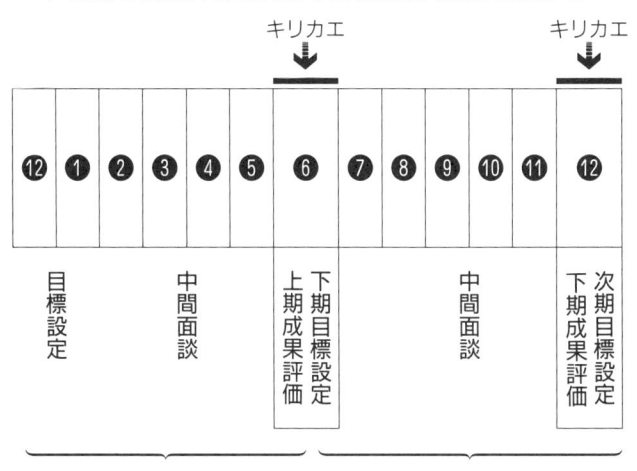

| ⑫ | ① | ② | ③ | ④ | ⑤ | ⑥ キリカエ↓ 下期目標設定／上期成果評価 | ⑦ | ⑧ | ⑨ | ⑩ | ⑪ | ⑫ キリカエ↓ 次期目標設定／下期成果評価 |
|---|---|---|---|---|---|---|---|---|---|---|---|---|
| 目標設定 | | 中間面談 | | | | | | 中間面談 | | | | |

MBO期間 ／ MBO期間

※この図の月は「ひとつき目」「ふたつき目」と読む

## 2-28 MBOのドキュメンテーション

MBOシートは単票制で,目標サイクル期間で必要の都度コピーして使用します。

① MBOシートは目標設定過程で部下が自分の目標案を提出するときにも使用されます。コピーを上司に渡して話し合います。第1回目のときはメモ用紙でもよいでしょう。

② 目標が確定すると部下は正式の目標シートを作成します。これをオリジナル(原本)とします。オリジナルの方を上司に提出します。

③ 3か月目の中間面談の結果を踏まえて指導事項を書き込み,コピーを部下に渡します。MBOに習熟してくると,この過程は口頭面談のみで済ますこともできます。

④ 自己評価の前にオリジナルを上司から受け取り,自己評価を記入し,上司に提出します。

⑤ 上司,部下とで評価の話し合いを持ちます。

⑥ 上司評価を記入し,コピーを部下に渡します。

⑦ 次期の目標が設定されたならば上司分は人事で保存します。

過去のMBOシートは,最低5年以上で,かつ本人が退職するまで長期保存します。現在のMBOシートは近い将来,全面的にネットワーク(LAN)にのせます。

第2章　MBOの仕組み

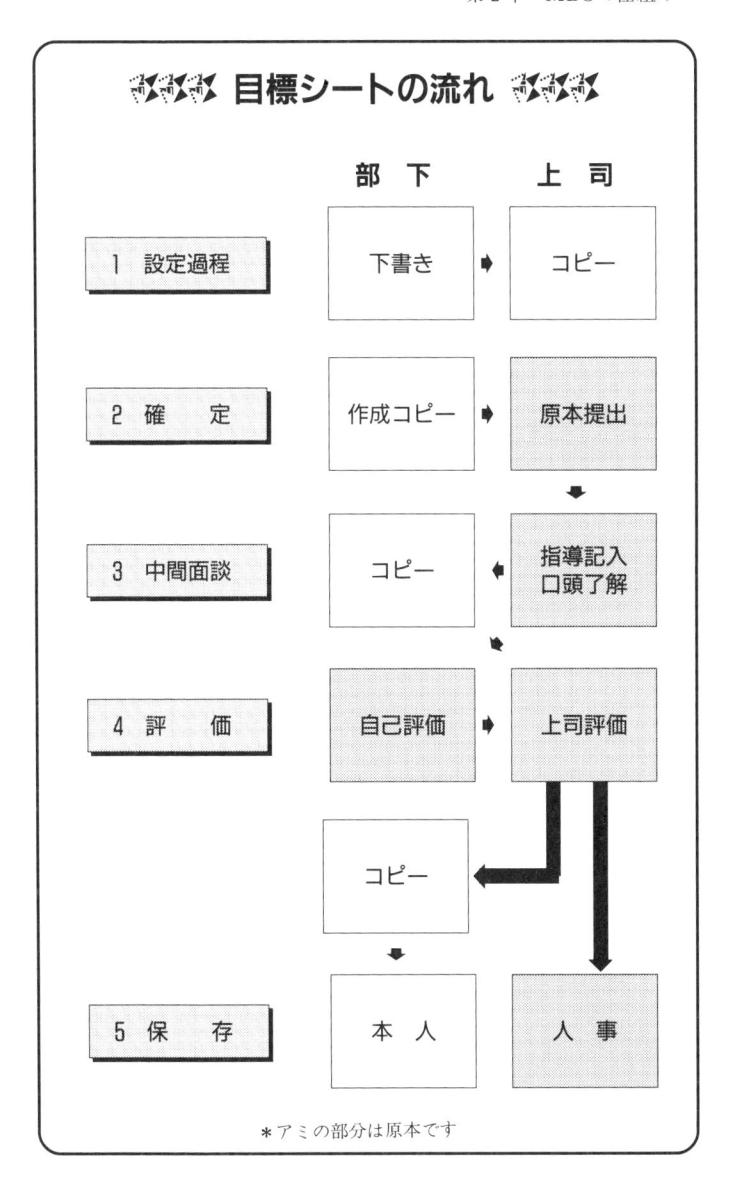

## 目標シートの流れ

|  | 部　下 | 上　司 |
|---|---|---|
| 1　設定過程 | 下書き → | コピー |
| 2　確　定 | 作成コピー → | 原本提出 |
| 3　中間面談 | コピー ← | 指導記入 口頭了解 |
| 4　評　価 | 自己評価 → | 上司評価 |
|  | コピー ← |  |
| 5　保　存 | 本　人 | 人　事 |

＊アミの部分は原本です

# 第 3 章
# 組織目標と個人目標

## 3-1 全社目標は戦略から生まれる

　全社目標は，会社の長期経営計画・長期戦略・方針（LRP: Long Range Planning）から生まれます。LRPは毎年見直されます。たとえば，向う3年間のLRPの場合，LRPの今年分は，全社目標となります。次の年には，今年の成果や反省，経営環境の変化を踏まえてLRPを修正し，向う3年間の計画を立てます。

　つまり，絶えず向う3年間の計画があることになります。これは，計画を毎年「転がす」ようなものですからローリング・システム（Rolling System）と呼ばれます。3か年計画や5か年計画を立てたら最後，環境条件が変っても計画を修正しないで，3年後，5年後になって「当たった」「外れた」という議論をするのは無意味です。計画は現実の経営に役立つように絶えず軌道修正しながら進める必要があります。

　このようにして，会社のLRPは，毎年テストされ，修正されていきます。経営層の仕事は，LRPを常時（毎日）テストすることであり，これが最大の仕事となります。経営層にとって，全社の最大・最終的目標は利益を上げることです。しかも，この利益を長期的に上げられるようにします。これ以外の目標は，施策・手段に属する目標です。

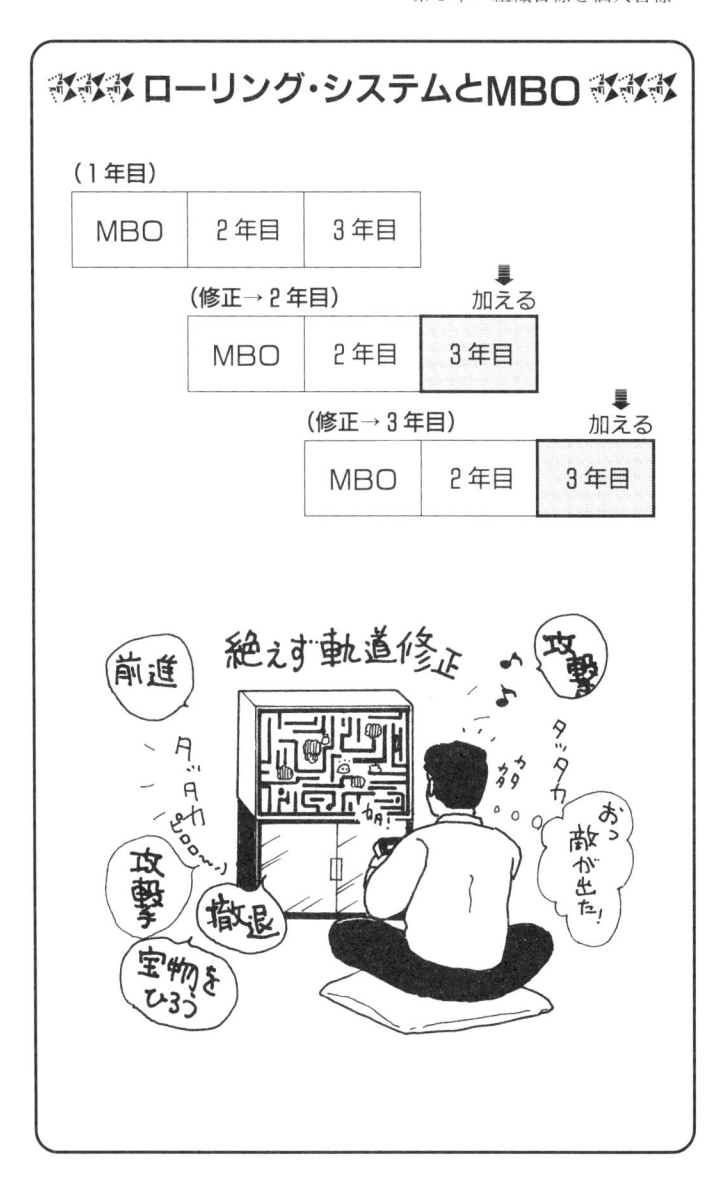

第3章 組織目標と個人目標

## ローリング・システムとMBO

（1年目）

| MBO | 2年目 | 3年目 |

（修正→2年目） 　加える
| MBO | 2年目 | 3年目 |

（修正→3年目） 　加える
| MBO | 2年目 | 3年目 |

絶えず軌道修正

前進
攻撃
月月火水…
攻撃
撤退
宝物をひろう
タッタカ♪
おっ敵が出た！

## 3-2 部門目標は全社目標を支援する

　部門目標は，製造部，営業部，研究開発部，総務部，経理部などの目標です。部門目標は，全社目標をサポートしています。全社目標があって，次に部門目標があります。このように表現すると部門目標は，全社目標から「押しつけられたもの」のように受けとられがちですが，実際はそうではありません。部門長は，LRPや全社目標の設定に参加しています。このため全社目標ができたときは，実は部門に期待される主要な目標も同時に明らかになっている関係にあります。

　全社目標をより詳細に展開するとともに，部門独自の目標を加えて，部門目標が設定されます。部門目標の設定には，部長だけではなく次長，課長，課の主要スタッフも参加します。

　部門の価値基準には「利益を貢献」する直接部門（営業と製造）と「利益に貢献」する間接部門（その他の部門）とがあります。営業部門は売上高に責任をもち，製造部門はコストに責任をもちます。間接部門の評価基準はコストと貢献度合です。これはVAの一般公式で説明できます。

第3章 組織目標と個人目標

## 直接部門と間接部門の価値基準

**直接部門** ── 利益を貢献！

| プロフィット・センター (profit center) ||
|---|---|
| 営業部門 | 利益管理責任をもつ部門 |

| コスト・センター (cost center) ||
|---|---|
| 製造部 工　場 | 消費したコスト(原価)に責任をもつ部門 |

**間接部門** ── 利益に貢献！

| 現在の利益に貢献 将来の利益に貢献 | 最小の経費で 最大の貢献 |
|---|---|

[ＶＡの一般公式]　　評価 ＝ $\dfrac{貢献度}{経費}$

## 3-3 カネの音がする目標に近づける

　間接部門は「利益に貢献」する部門です。「利益に貢献」する部門の目標は, ややもすると全社の活動と離れるおそれがありますので, 注意が肝要です。とくに職能的な立場から目標を設定する場合, その目標を達成することが, 当社の目標（端的にいえば「利益」）にどういう貢献をすることとなるのか, ハッキリさせなければなりません。目標に「カネの音がする」ように努めてください。

　部門の目標と全社の利益との関係が明確に述べ切れない場合は, 組織自体の在り方に問題がないか検討するのが, 組織の長の責務となってきます。その組織を「もっと利益に近い位置」に持ってくる必要がないか検討します。

「部門の仕事の成果は, いったい何によって測定されるべきか」を深く考えることは, 非常に大切なことです。何によって評価されるかよく理解していない（分らない）場合は, 部門の仕事の機能, 役割りが明確になっていない場合が多いものです。

　もし, 既製のモノサシでは不十分・不正確ならば, 自分で適切なモノサシを開発してください。モノサシを研究することは, 自分の仕事の機能を明確にすることと同じです。

第3章 組織目標と個人目標

## 間接部門の利益目標

| 目標 | 経理部の決算業務に毎年いくらかかっているか |

❶月給,賞与,退職金
❷福利厚生費(法定,法定外)
❸教育費
❹場所代,光熱費,消耗品
❺コンピュータ代,諸機械代

決算会社に外注した場合のメリット,デメリット
どういう条件が必要か
内部経理のメリット
努力目標はなにか

| 目標 | 総務部の非基幹業務は別会社化等にできないか |

❶社屋管理会社
❷人材派遣会社
❸社員教育会社
❹福利厚生会社
❺消耗品管理は問屋に無料で委託
❻給与・賞与源泉徴収計算は外注
❼出勤退勤管理,人事管理の大幅な現場化

アウトソーシング (out sourcing)

企業の情報処理業務を外部の情報処理会社やソフトウエア会社が代行すること。アウトソーシングは,企業の全業務に拡大して発想するとよい。専門会社に集約することにより,業務の専門化が促進されるとともに,担当者の動機づけと能力開発に役立つ。

## 3-4 外から買える仕事，買えない仕事

　仕事（成果）は，なにも全部自前で手当する必要はありません。原材料はもともと外から買ってきています。外注・下請・代理店などもすべて外から仕事を買ってきていることです。いままで外から購入することをあまり考えなかった仕事についても，専門会社からの購入が増加していませんか。

　決算業務，採用業務，社員教育，給与計算，受付業務，社屋管理，一般事務，設計業務，調査業務，PR業務など続々外注化しています。

　仕事（成果）を「外から買ってこれる仕事」「外から買ってこれない仕事」に区分し，それがどういう理由によって買ってこれないのか，オリジナリティ，ノウハウを十分検討すべきでしょう。そこにこそ，革新・改善の契機が潜んでおり，目標が明確になる場合が多いのです。

　とくに「業績に貢献」する間接部門の場合，コスト・パフォーマンスを明らかにすべきです。「うちは間接部門ですから目標は立てられません」「強いていえば予算達成です」というのはウソです。どういう革新と貢献ができるか，それが真の目標です。

第3章 組織目標と個人目標

## 革新目標を生む着眼点

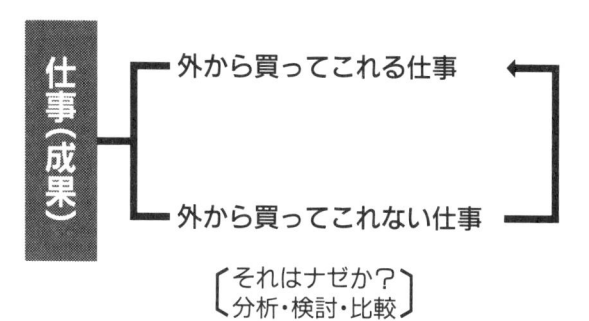

仕事（成果）
├─ 外から買ってこれる仕事
└─ 外から買ってこれない仕事

｛それはナゼか？
　分析・検討・比較｝

---

**バーチャル・コーポレーション**

（VC：virtual corporation：仮想企業体）

「社内外と協力し，自社が持つよりも多くの資源を結集できる企業」をいう。めまぐるしく変化する内外の企業環境，激しい市場競争に勝ち抜くには，タイミングのよい製品開発，商品開発，流通ルートの開発が必要で，そのためには外部の経営資源を有効に活用すべきとの21世紀企業のコンセプト。
情報通信技術の発達と普及に伴って，このような職制やピラミッド型組織を必要としない流動的，柔軟な企業が可能となる。

## 3-5 目標設定には範囲予測を用いる

　経営環境やコントロールできない事象が予測どおり推移した場合の目標を期待値といい，予測より好都合に推移したときの目標を楽観値といい，予測より悪く推移したときの目標を悲観値といいます。いずれも環境の予測に関係する概念であって，社内における努力度は同一（ベスト）とします。

　範囲予測は主として全社的な目標を立てるときや長期目標を立てるときに活用されますが，個別の目標を検討する場合にも使用されます。3つのポイントで予測するので，3点予測（three points estimate）ともいわれます。

　<u>目標は，期待値です。</u>目標を目標として固めていく過程において，まず楽観値を出し，次に悲観値を出していくと，予測困難な目標も意外とスムーズに設定できますから，目標を設定する場合，合同討議をする場合，また部下と目標を話し合う場合，このようなアプローチは，おおいに推薦できます。

　範囲予測することにより，環境変化に対するレディネス（心構え・即応態勢）が培われ変化に対する心理的抵抗が排除されます。

第3章　組織目標と個人目標

## 範囲予測……3点予測

　成果が不確かな目標の場合，戦略・戦術を多様に検討し，楽観値，悲観値のときの対応策も検討しておく。悲観値をも超える事態に対処する戦略が不測事態対応計画（コンティンジェンシー・プラン：contingency plan）となる。

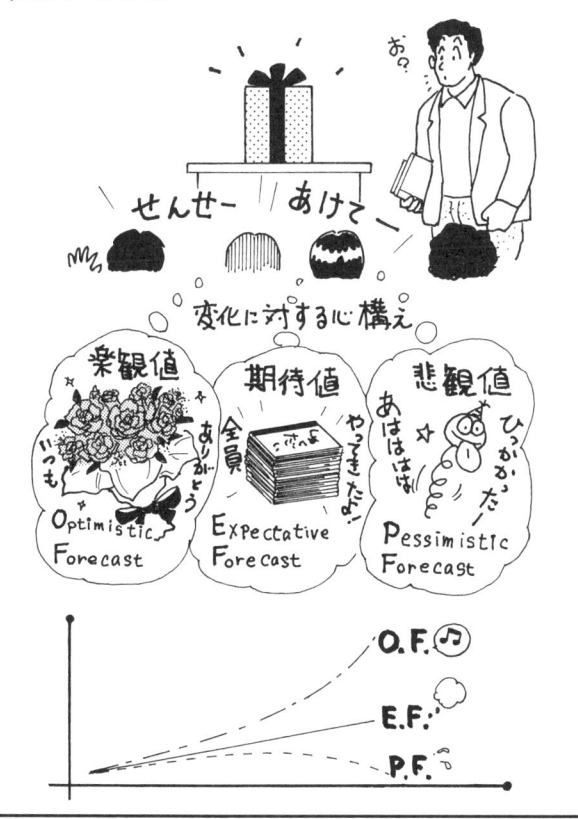

## 3-6 長期目標・複雑な目標の管理

　目標の中には1年，2年というような長期間にわたるものがあります。目標シートの上では，6か月単位に設定されていても，継続目標として1年，2年というように長期間にわたって遂行されます。

　また，実施していく上で，関係部門との調整が多い目標とか，いろいろなシステムにまたがる目標とか，対外折衝が多い目標とか，官公庁の許認可が必要な目標とかのような複雑な目標も少なくありません。

　このような長期目標や複雑な目標の場合，「一件書類」が何冊も作成されるのがふつうです。また「詳細なスケジュール」が別に準備されます。

　MBOシートは，簡潔明瞭を旨としていますから，書込めるスペースは自ずから制約があります。実際の仕事は，MBOシートではなく，このような一件資料，詳細スケジュールにより進められます。

　ある研究開発企業では，MBOシートは作成せず，「MBOマトリックス」によって代替し，別に詳細な企画書を作成しているケースもあります。

第3章 組織目標と個人目標

## 目標資料のファイリング

## 3-7 目標パッケージをつくる

　来期のMBOに取り上げようとする目標は,通常は前期のうちに準備されます。大きな革新につながるような目標を設定する場合はもちろんのこと,プロジェクト型・テーマ型の目標の場合,例えば「目標パッケージ・シート」に記入し,各事項をチェックすると効果的です。目標パッケージの機能は,次のとおりです。

### 目標パッケージの機能

a. 目標の優先度合いを判断する
b. 上司の承認（オーソライズ）を受ける
c. 予算の裏付けをする
d. 長期的視野を養う
e. 目標サイクル期間をつなぐ

　目標の中には予算措置が必要なものがあります。緊急テーマについては特別に予算措置を講じてもらう必要がありますが,そうでない場合（これが通常の姿）は,あらかじめ申請して,予算措置を講じておく必要があります。

第3章　組織目標と個人目標

# 🚩🚩 目標パッケージ 🚩🚩

| 設定者 | 氏名 | | 上司氏名 | | | | |
|---|---|---|---|---|---|---|---|
| 部　課 | | 印 | | 印 | 年 | 月 | 日 |

| プライオリティ NO. | 名称 |
|---|---|

達成基準概要（第　期末）

| スケジュール | 施策・手段 | 期 | 期 | 期 |
|---|---|---|---|---|
| | 1.<br>2.<br>3.<br>4. | | | |

| 経営資源調達概要 | 1．直接費（人件費・物件費） |
|---|---|
| | 2．設備 |
| | 3．知識・技術・ノウハウ・情報 |
| | 4．必要要員 |
| | 5．標的市場・経路 |
| | 6．所要資金 |

会社への貢献度

| LRP会議　採　否　保 | 理由 |
|---|---|

*111*

## 3-8 革新目標を生むための問題形成目標

　多くの目標は革新・改善・向上をもたらす問題が選ばれます。しかし，なにか問題がありそうだけれども問題をはっきり定義できない場合にも目標となります。

　問題形成目標は，「なにが問題か」「何が真の原因か」が，モヤモヤとしてまだハッキリしていないけれども，「たしかに問題がある」あるいは「問題がありそうだ」という問題状況をテーマとします。それを目標に掲げて「これが問題だ」「問題の解決方法には，コレコレの方法がある」というように解決すべき問題をはっきりさせる目標をいいます。「革新目標を生むための目標」といいかえてもよいでしょう。

　問題形成目標は，小さなシグナルを見逃しません。症状にはっきり現れてからでは，手遅れになってしまう場合があります。先手を打って「かすかな兆候」「小さなシグナル」を敏感にキャッチして根本的な改革を行います。

　6か月先，1年先といった目先の金額や数量のみが目標ではありません。問題形成目標の難易度はきわめて高く，しかも達成成果をあらかじめ明確に定義しにくいものです。しかし，このような目標に積極的に挑戦することにより組織の発展と活力が維持されます。

# 問題形成目標

▶ かすかな兆候　　　　　　　　　　　　▶ 小さなシグナル

A部門とB部門の協同活動がどうもうまくいっていない
C製品の売上高が3年前から低落傾向にある
いまの制御システムは突発事態には大きな事故につながりかねない
祭りの寄付や，諸団体への寄付賛助まで果たしてメセナか
部長，課長の毎日の勤務時間の80％が会議に費やされている
副部長，副参事，調査役など職責がよく分からない役職者がたくさんいる

▼

▶ 問題がありそうだ　　　　　　　　　　▶ なにが真の問題か

ヒト，組織，情報システム，それとも市場分担に無理があるのか
それは一時的な変動か，それとも本質的なものか
業界の技術レベルでは解決不可能，新技術・新材料の探索が必要
寄付賛助の強要がなんでメセナか，一貫した方針がない
会議のあり方，部長・課長の「やるべき仕事」の定義も必要だ
役職とはなにか，ポストの機能をはっきり定義すべきでないか

▼

▶ 問題形成

　　問題の目鼻立ちをはっきりさせる
　　問題はこれだ
　　解決方法にはABCの3つがある

▼

▶ 革新目標

　　次の期の革新目標に掲げる
　　部署，責任者，達成基準，施策・手段，
　　スケジュール，予算，関係先など

※メセナ（Mécénat：文化支援活動）

## 3-9 組織の資産となっていない革新目標

　革新目標は最も目標らしい目標です。革新目標は，いままで組織が経験していない事柄に挑戦したり，組織の資産やノウハウ(know-how：知識，技術，秘訣，こつ)になっていない事柄を目標にする場合をいいます。問題形成目標によって「問題の定義ができた成果」は革新目標によって，さっそく問題解決に入らなければなりません。

　一般にスタッフや管理者の目標は，革新目標が中心となり，第一線の仕事をしている人の目標は定常目標・改善目標（日常業務の改善）が中心となりましょう。それは仕事の性格上そうなるのであって，定常目標も改善目標も革新目標もチャレンジを共通の本質としていますから，どれも立派な目標ですし，どれも重要です。

　外部環境がどのように変化したとしても，もし，「自分とは関係ない」と漫然としていたならば，革新は永遠にやってきません。日常，自分の担当している仕事を「こうしたい」「ああしたい」「こうしたらどうだろう」「なんとかウマイ方法はないか」「自分の仕事の革新・改善に使えないか」というように，いつも問題意識をもって仕事をする積極的態度，変化を受入れる柔軟性が必要です。

# 革新目標はどこから生まれるか

革新目標は，主として組織の外部の環境変化によってもたらされます。

### 革新の要因

新発明，新発見，新材料，新機械，新理論
ネットワークの浸透，バイオ技術の一般化
為替の変動，競争条件の変化
価値観の変化，法律の制定・改廃
公的規制の緩和
国際社会の指導理念の変化，貿易相手国の政策の変更，民族紛争の動向
人口構成の動向，仕入・販売市場の変化
公害の規制，製造物責任の強化など

▼

### 革新目標の分野

事業開発，新規参入・統合・撤退，事務処理，生産加工，施工管理，研究開発，技術開発，情報処理，仕入市場，販売市場，流通経路，運搬物流，販売促進，人的販売，店舗経営，組織人事，雇用管理，賃金処遇，能力開発など

## 3-10 目標設定は循環過程

　部・課・担当者の目標は，トップ・ダウン (top-down) で上から下へ割り付けるのでしょうか。それともボトム・アップ(bottom-up)で，個人目標，課目標，部目標，全社目標というように下から上へ順番に積み上げていくのでしょうか。

　トップ・ダウンかボトム・アップかという，どちらか1つを選択するような問題の出し方は，目標の設定過程においては正しくありません。目標の設定過程はトップ・ダウンであり，かつボトム・アップです。

　経営組織の原理からいえばトップ・ダウンですが，目標の設定過程は，上下の間における目標のキャッチ・ボール，循環過程をへて正式な目標として固まっていきます。社長がすべて決め，次に部長がすべて決め，課長がすべて決め，というような過程ではありません。

　目標は組織の上から下へ提案・推薦案という形で提示されますが，上のレベルの目標が下のレベル目標によって修正されることがあります。目標の設定過程では，上司はリーダーシップを発揮し，部下は部門の経営に積極的に参加する関係にあります。

第3章 組織目標と個人目標

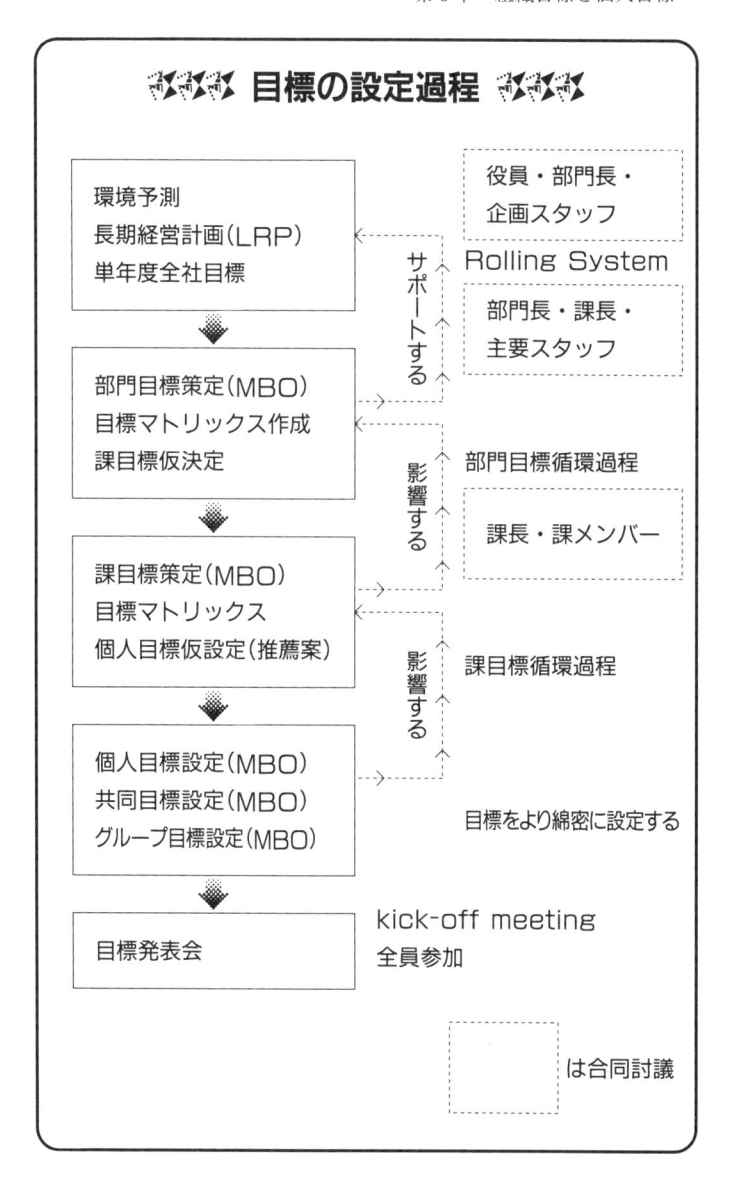

## 目標の設定過程

```
┌─────────────────────┐         ┌─────────────────┐
│ 環境予測            │         │ 役員・部門長・   │
│ 長期経営計画(LRP)   │ ←────── │ 企画スタッフ     │
│ 単年度全社目標      │         └─────────────────┘
└─────────────────────┘          Rolling System
          ▼              サ
┌─────────────────────┐  ポ      ┌─────────────────┐
│ 部門目標策定(MBO)   │  ー      │ 部門長・課長・   │
│ 目標マトリックス作成│ ←── ト── │ 主要スタッフ     │
│ 課目標仮決定        │    す    └─────────────────┘
└─────────────────────┘    る    部門目標循環過程
          ▼              影
┌─────────────────────┐  響      ┌─────────────────┐
│ 課目標策定(MBO)     │  す      │ 課長・課メンバー │
│ 目標マトリックス    │ ←── る── └─────────────────┘
│ 個人目標仮設定(推薦案)│        課目標循環過程
└─────────────────────┘    影
          ▼              響
┌─────────────────────┐  す
│ 個人目標設定(MBO)   │  る
│ 共同目標設定(MBO)   │ ←──
│ グループ目標設定(MBO)│        目標をより綿密に設定する
└─────────────────────┘
          ▼
┌─────────────────────┐
│ 目標発表会          │        kick-off meeting
└─────────────────────┘        全員参加


                                ┌┄┄┄┄┐
                                ┆    ┆  は合同討議
                                └┄┄┄┄┘
```

## 3-11　上司の目標と部下にやってほしい推せん案

　上司と部下との目標設定の話し合いは，1回で完了となることは比較的少なく，お互い納得するまで数回繰り返し行われます。多少手間がかかっても，時間が許すかぎり納得するまで話し合うことが大切です。トコトン話し合う中で，上司・部下ともに相互の立場，考え方を理解し合い，強い連帯感が生まれます。

　部下の目標は上司の目標案を受けて設定します。上司は部下に自分の部門の目標案と，部下にやってもらいたい目標の推せん案を提示します。「A商品を3億円売れ」という形ではなく「会社全体の状況や環境条件を考えると君にはA商品を3億円程度売ってほしい」，「そのための販売促進政策として新しい施策を販売促進課で準備している」といったように，提案の背景や推せんする条件も合せて提示します。

　これに対して部下はその場で意見を述べたり，質問したり，付帯条件を確認した上で，後日，自己の目標を上司に提出します。ふだんから上司・部下の間で活発な意思疎通があり，問題を共有している状態のときは，部下は上司からどういう提案があるか見当がついていることが多いものです。

第3章　組織目標と個人目標

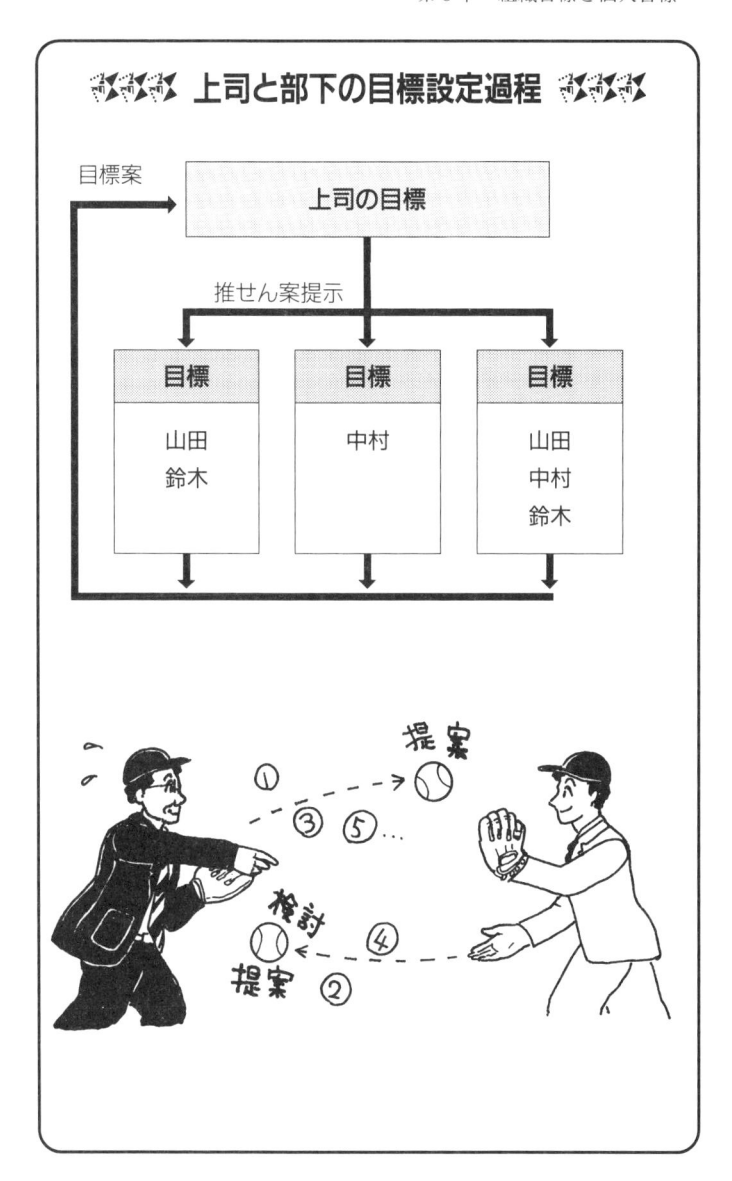

## 上司と部下の目標設定過程

目標案

上司の目標

推せん案提示

| 目標 | 目標 | 目標 |
|---|---|---|
| 山田<br>鈴木 | 中村 | 山田<br>中村<br>鈴木 |

提案 ①
③ ⑤ …
検討 ④
提案 ②

## 3-12 合同討議にかける

　部門の目標とその理由や背景，戦略・方針などを，最初から１対１で個別に行っていくと時間がかかりますし，上司は同じことを部下の数だけ話さなければなりません。

　前期の目標の評価と今期の目標の設定の間には，最大で15日前後の日数しかありません。また，メンバーの貢献内容や相互の関係も部下には分りにくいので，部門全体の結束力という点で，１対１の話し合いだけでは問題があります。

　そこで，部の目標設定には次長，各課長，主要スタッフを加えた部段階の合同討議を行い，課の目標設定には，部の目標をもとに課長，全課員をメンバーとする合同討議を開きます。合同討議の実態はファミリー・トレーニングでもあります。

---

**職場ぐるみ訓練**

(family training:FT:ファミリー・トレーニング)

　　特定の層を対象とした集合研修ではなく，１つの職場を単位として，職場の長がリーダーとなって，自分の職場の問題点に焦点を合せて組織全体の能力開発,活性化をねらう訓練。

第3章　組織目標と個人目標

## ファミトレ

### ▶合同討議は全社的ファミトレだ

全社レベルの合同討議　◀━

⬇⬆

部レベルの合同討議　◀━

⬇⬆

課レベルの合同討議　◀━

メンバーは自由に発言
リーダーは応援態勢を
時間の許す限り、随時、何回でも開催

### ▶合同討議は自己決定と集団決定の過程

人間は自分の自由意思で決定したことは進んで実行しようとする。これを「自己決定」という。
自己決定が集団の場で行われることを集団決定といい、さらに強い実行力が生まれる。

## 3-13　目標マトリクスを用いる

　目標マトリクス（matrix）は，上司の目標と部下の目標をタテ，ヨコに関連づけた一覧表です。一番上の行に上司の目標を書き，次の行以下は，メンバーの目標を上司の目標の列に合せて書込みます。

　目標マトリクスは，部門の目標が確定した場合に作成されますが，各人の目標案が固まってきた段階で，これをマトリクスに展開し，合同討議の場に持出して検討する場合にも便利です。

　模造紙に書いて張り出すか，プロジェクターで写して，全員で討議します。各人の目標の分担状況が一目でわかるとともに，抜け落ちをチェックすることも，更に別の目標がでることもあります。

　MBOサイクルを何回か回して，上司，部下ともにMBOに熟練してくると，上司は自分で部下の目標推せん案をもとに目標マトリクスを作成し，第１回の合同討議の段階で提示することもあります。日常，コミュニケーションが活発で，問題形成が行われ，問題を共有している職場では，このように目標の設定はスムーズに進みます。

　目標マトリクスは，部門の目標の分担関係を他部門に知らせたり，これをもとにしてガント・チャートに展開して進行状況を管理する場合の基礎となります。

# 目標マトリクスの効用

## 目標マトリクス

| 上司 | 目標A | 目標B | 目標C | 目標D | 目標E | 目標F | 部下独自 |
|---|---|---|---|---|---|---|---|
| 山田 | a-1 | b-2 |  | d-1 |  | 上司が部下の協力を得ないで独力で遂行する目標。 |  |
| 佐藤 |  | b-1 | c-2 |  | e-2 | | |
| 高橋 | a-2 | b-3 | c-1 |  |  | | 独自 |
| 斎藤 | a-3 |  | c-3 | d-2 | e-1 | | |
| 鈴木 |  |  |  | d-3 | e-3 | | 独自 |
| 田中 | a-4 |  |  |  |  | | 独自 |
| 村田 |  | b-4 |  |  | e-4 | | |
| 渡辺 |  |  | c-4 |  |  | | 独自 |

※目標には部下によってサポートされない「上司個人の目標（F）」や「部下個人の目標（独自）」があります。

## 目標マトリクスの効用

❶ 部課の全体の目標を一覧できる
❷ 目標のサポート関係がよく分る
❸ 抜け落ちている目標や不十分な目標のチェックができる
❹ 特定の人に目標がかたよっていないかチェックする
❺ 一覧性があるので，メンバー全員で討議できる
❻ 関係他部門へ簡潔に知らせるのに便利

※サポート（support）：支援。
上位の目標を下位の目標で引き受けること。

## 3-14　共同目標・グループ目標を活用する

　個人目標・グループ目標・共同目標は，目標を遂行する責任の所在に関する区分です。組織の上層部やスタッフの目標は部長・課長・スタッフ別に個人単位で設定されます。これを個人目標といいます。MBOにおける典型的な目標は個人目標です。

　ところが，それぞれ違った機能を分担している複数の部署が協力しないと真の成果とならない目標があります。「Xリレーの顧客満足度の向上」とか「Y製品の販売効率の向上」とか「R自動機器の輸送事故の絶滅」といった場合，機能が異なる2つの課・係・担当者で共同目標を設定することがあります。この場合，目標は複数です。

　目標には，グループで目標を立てたほうが妥当な場合があります。たとえば，全員がおなじような仕事を担当している職場で，仕事を改善する目標を立てる場合，全員がグループで目標を立て，一緒に目標に挑戦すると効果が上がります。この場合，目標は一つです。

　グループ目標の場合は，一般にグループ・メンバー各人の内部の責任分担関係はあえて明らかにしなくてよいものとします。

　QCサークルやZD活動はグループ目標の例です。現在のQC活動では科学的な問題解決技法や集団活動のノウハウもたくさん開発・集積されています。

第3章 組織目標と個人目標

## 目標設定前にグループを決める

　これからのMBOは個人単位ばかりでなく、グループ単位でMBOを遂行する場面が多くなる。同じ仕事を担当している場合、目標を担当者ごとに細分化しないで、むしろグループで問題解決に挑戦した方が、あとの結果がよい。グループ目標は、あらかじめ小グループを編成する。

複数が協力する共同目標

Y製品販売効率の向上
↑　↑　↑
販売一課　販売促進課　サービス課
共同目標

第一線はグループ目標を活用する

来客応対の改善
↑
山田・佐藤・田中・飯田・吉本
グループ目標

## 3-15 MBOとサークル活動

　QCサークル，JK活動，ZDサークル，カイゼン活動などは，主として製造現場の問題解決，改善に成果を上げています。これら以外にもいろいろな名称のサークル活動があり，成果発表会において表彰・報奨金支給も行われています。

　MBOの目標は，共同目標，グループ目標もありますが，どちらかといえば個人目標が中心ですから，現場作業のようにマエ工程とアト工程が密接に連続している場合やターンテーブル方式でグループ作業をしている場合などでは，「グループ目標」がふさわしいし，それが自然です。

　業態にもよりますが，工場の第一線担当者はMBOの目標を立てることはあまりありません。個人のレベルより一段上のグループのレベルで課題を受け止め，改善・向上を図る方が実情にマッチしているからです。工場では，管理職はMBO，それ以下はQCといった使い分けが多いといえましょう。品質・コスト・納期・作業方法・マテハン・在庫・備品・工具・安全衛生などが主なテーマです。

　TQC，方針管理，全社カイゼン活動など，MBOと重複する部分については一部調整が必要なこともありますが，自ら棲み分けが行われています。

第 3 章 組織目標と個人目標

## カイゼンの手順

| 手順 | ポイント |
|---|---|
| 1 問題点をみつける | 問題意識を持ち続ける |
| 2 問題の輪郭をはっきりさせる | 問題を磨く |
| 3 目標値を決める | 現状以上で解決すべき目標水準を決める |
| 4 協力体制を作る | 推進態勢, 役割分担を決める |
| 5 現状を調べる | 7つ道具などを使う |
| 6 具体的な改善案を作る | 多角的に検討する |
| 7 実施する | 必要により実施計画を立てる |
| 8 結果を調べる | データに基づいてチェックする |
| 9 歯止めをする | 後戻りしないように改善内容を標準化する |
| 10 改善報告書を作る | 記録に残す |

※ 1〜4がP, 5〜7がD, 8がC, 9〜10がAに相当する。
※ MBOは期間サイクル, カイゼンは工程サイクル。

# 第4章
# 目標のつくり方

# 4-1　仕事にはCW・RW・MWの3種類がある

　仕事を革新の度合いを基準として区分すると, CW, RW, MWの3つあります。

　CWは「明日の利益を生みだす」仕事です。CWには「新製品の開発」や「新流通経路の開発」といった会社の戦略に関する仕事から,「ミスが少なくなる」「トラブルが少なくなる」といった日常の業務改善に属する仕事まで, いろいろな仕事があります。一般にすぐ利益に結びつくものは少なく, 来期以降になって役立ってくる仕事が多いものです。

　RWは毎日の仕事のことです。いままでのCWの成果を使って「今日の利益を生みだす仕事」です。CWの成果は日常のRWに組込んで, 骨肉化することにより, はじめて会社の資産となり, 安定した基盤の上に事業を展開できます。

　RWをいっそう改善するとMWになります。MWには「機械的な仕事」(MW①) と「機械の仕事」(MW②) の2つがあります。MW①化をいっそう推進すると, ついにはMW②となります。

　このようにすべての仕事は「CW→RW→MW」の順に革新され, 事業の発展を図ることができます。CWのRW化, RWのMW化は, すべてMBOの目標となります。

第4章 目標のつくり方

# 仕事革新の3分類

**CW**（シー・ダブリュー）
challenging works

**RW**（アール・ダブリュー）
routine works

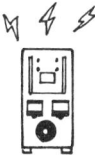

**MW**（エム・ダブリュー）
① mechanical works
② machine works

## 仕事の革新過程

CW→RW→MW

[1期] → [2期] → [3期]

|  |  | CW |
|---|---|---|
|  | CW → | RW |
| CW → | RW → | MW |
| RW → | MW |  |

スクラップ
アンド
ビルド

※1期，2期，3期は時間の経過を示す

## 4-2　CWの成果をRW化する

　CWは新しい試みに対する挑戦です。組織のすべての部門にCWのタネはころがっています。CWのチェックリストによって，どういうCWがあるか確認してください。そしてCWによって獲得された成果はRW化されます。RWの特性は次のとおりです。

▶ルーティンワーク（RW）の特性◀

| |
|---|
| ●処理方法が統一されている。 |
| ●だれが担当しても成果が安定している。 |
| ●成果にバラツキが小さい。 |
| ●時間的に遅速が少ない。 |
| ●経費に多寡がない。 |
| ●必要とされる労力が安定している。 |
| ●判断力が軽減されている。 |
| ●マニュアル化，帳票化が進んでいる。 |
| ●仕事がリズミカルに処理される。 |

第4章　目標のつくり方

## チャレンジワーク(CW)のチェック

| No | CWのチェックリスト | チェック |
|---|---|---|
| 1 | 新商品を開発する | |
| 2 | 事務システムを開発する | |
| 3 | 新流通経路を開発する | |
| 4 | 新セールス・プロモーションを開発する | |
| 5 | 新販売方法を開発する | |
| 6 | 新しいマーケットにアプローチする | |
| 7 | 新技術を開発する | |
| 8 | 新しい組織開発をする | |
| 9 | 仕事の処理方法を標準化する | |
| 10 | 手作業が減る | |
| 11 | 新入社員用マニュアルを作成する | |
| 12 | 新しい仕事の仕方を開発する | |
| 13 | 量が増加する | |
| 14 | 質が向上する | |
| 15 | 経費が節減になる | |
| 16 | 時間が短くなる | |
| 17 | ジャストインタイムになる | |
| 18 | 判断が軽減される | |
| 19 | 楽になる | |
| 20 | 人手が少なくなる | |
| 21 | ミスが少なくなる | |
| 22 | トラブルが少なくなる | |
| 23 | モノの節約となる | |
| 24 | 使う場所が小さくなる | |
| 25 | 仕事にバラツキが無くなる | |

## 4-3 RWを革新しMW化する

　CWの成果はRW化することにより，現実の利益を享受することができます。ただし，RW化された当初はまだ完全に定着していませんし，RWはさらに磨きをかけられMW化に向けて革新・改善される必要があります。この段階になって，はじめて大きな利益を生むことができるようになります。

　RWをいっそう推し進めるとMW（エム・ダブリュー）になります。MWには「機械的な仕事」（MW①）と「機械の仕事」（MW②）の2つあります。MW①をいっそう改善すると，ついにはMW②となります。

　MW①は，RWをより革新し，定着化を図ることによって実現されます。RWにも標準化が進んだ仕事にはパートタイマーや外部労働力が導入されていますが，MW①になると，かなりの仕事がパートタイマーでもやっていけるほど標準化，単純化が進んでいます。

　OA化，FA化投資（MW②）と単純労働力（MW①）の分岐点は，主としてコストの比較によります。MW①をいっそう推進すると機械による自動処理（machine works）となります。これは「機械の仕事」（MW②）となります。

第4章 目標のつくり方

## ルーチンワーク(RW)のチェック

| No | RWチェックリスト | チェック |
|---|---|---|
| 1 | あなたの仕事の成果を受取る人は，あなたの仕事に満足していますか | |
| 2 | いまの仕事にムリ・ムダ・ムラはありませんか | |
| 3 | いまの仕事はテマ・ヒマ・カネをかけすぎていませんか | |
| 4 | いまの仕事はスムーズに進んでいますか | |
| 5 | いまのマニュアルで改善すべきところはありませんか | |
| 6 | もっと速く，もっときれいに，もっと正確にできる方法はないですか | |
| 7 | 仕事に転記や2次加工が多すぎませんか | |
| 8 | 責任の所在があいまいになっていませんか | |
| 9 | やらなければならない仕事で手抜きになっているものはありませんか | |
| 10 | いつも手違いやミスが発生している仕事はありませんか | |
| 11 | 関係部門と論争のタネになっている仕事はありませんか | |
| 12 | 仕事の仕組自体を変える必要はありませんか | |
| 13 | いまの仕事を初心者に譲る必要を感じませんか | |
| 14 | いまの仕事をもっと機械化する必要はありませんか | |
| 15 | いまの仕事をもっと魅力的にする必要を感じませんか | |
| 16 | 上司をもっと上手に助けられませんか | |
| 17 | いまの報告方法・手段をもっとスピーディに，分かりやすくできませんか | |
| 18 | いまのワークシートに改善すべき点はないですか | |
| 19 | いまの仕事に重複や空白はありませんか | |
| 20 | いまの仕事に新技術を応用できませんか | |

## 4-4 問題形成を日常化する

　目標とは現状と「あるべき姿」とのギャップをいいます。「あるべき姿」には，現在すでに支障が発生していて，それを「正しい姿」に直す場合と，「将来の理想像」として描かれる場合もあります。「あるべき姿」には，いろいろな次元・段階があります。

　理想像は，現状をこのように変えたいという将来に対する「強い願い」から生まれます。それは仕事に対する積極的姿勢がその基礎になります。この意味からすると，目標は実質的には目標サイクル期間とは関係なく，常時，生まれているのです。

　よい目標は突然生まれません。まして目標設定時期になって苦し紛れにヒネリ出すものでもありません。常日頃から問題の芽をねばり強く追究し，必要な情報を集め，日常折にふれて「本当の問題はなにか」「これが本当に問題か」とテストすることによって，はじめて目鼻がハッキリとし，問題が問題らしい形になって捉えることができます。

　これは，問題形成の過程です。問題形成は，「見えない問題」を「見える問題」に変換する過程でもあります。本当に組織に貢献する目標は，このように一見すると地味ではありますが，一定のアタタメの期間をへて生まれます。

第4章 目標のつくり方

## 目標とは「あるべき姿」とのギャップ

## 4-5　3つのSを活用する

　日常業務の改善には3つのS（3S）を活用するとよいでしょう。3Sとは，標準化，単純化，専門化のことをいいます。

　仕事の標準化，単純化，専門化は，日常の仕事の改善のほか，事務用品，事務機，事務システムの設計，帳票の設計，情報処理システムの設計，商品開発，販売方法，販売経路の開発，申込書処理方法，代理店援助など，すべての業務を改善する場合に必要な考え方です。

　3Sの中でとくに重要なものは標準化です。標準化するための着眼点は，仕事を「流せる仕事」と「流せない仕事」の2つに区分して発想することです。標準化は，仕事を機械化したり，外注化したり，仕事に熟練していない人に手伝ってもらったりする可能性を大きくします。そして最後に「流せない仕事」が残ります。

「流せない仕事」は，考えたり，判断したり，比較したり，検査したり，結合したり，分離したり，変化させたり，勧告したり，計画したり，反省したり，注意したりする，そういう特性をもった仕事です。これこそ人間にふさわしい仕事です。

## 標準のS，単純のS，専門のS

| S | S | S |
|---|---|---|
| Standardi-zation<br>標準化 | Simplifi-cation<br>単純化 | Speciali-zation<br>専門化 |

### 標準化の着眼点

仕事 ─┬─ 流せる仕事(機械が担当する)
　　　└─ 流せない仕事(人間が担当する)

## どうすれば流せるか？

- この仕事はもっとスムーズに流せるのではないか
- ここを改善すれば判断が軽減されるのではないか
- 雑多な伝票を色を変えれば混入を防げるのではないか
- 伝票の発生箇所別にトレイの色を変えれば整理するテマが省ける

## ひとにふさわしい仕事!!

| 考える | 判断する | 比較する | 検査する |
|---|---|---|---|
| 結合する | 分離する | 変化させる | |
| 勧告する | 計画する | 反省する | 注意する |

## 4-6　3つのMから考える

　3つのM（3M）とは，Man（ヒト），Material（モノ），Money（カネ）の略称です。これは経営の3資源です。仕事をするということは，多かれ少なかれ3Mを必ず消費しています。

　ヒトは，主として時間コストによって測定されます。申込書1枚にいくらの時間が消費されているかを測定してみてください。たかが1枚とはいえ，積み重ねてみれば思いのほか多額のコストがかかっていることに驚かされることでしょう。

　モノは，原材料あるいは減価償却費（げんかしょうきゃくひ）によって測定されます。原材料は直接費ですからすぐ測定可能です。できうるならば減価償却費や管理費まで含めて計算してみるとよいでしょう。

　カネは，主として利息によって測定されます。「存在するものには，すべてカネがかかっている」という金言があります。建物・機械設備は，時間との関係で「支払利息」を発生し続けています。この意味から設備の回転率や使用価値を引上げる発想や工夫が期待されます。

第4章 目標のつくり方

## 存在はカネなり

▶原単位を活用する◀

原単位（げんたんい）とは，ある仕事を1単位仕上げるのに，ヒト，モノ，カネをいくら消費しているかを示す単位をいいます。申込書1枚にいくらの時間がかかっているかを測定するのは，この例です。消費量は，ふつう物量単位（時間，重さ，長さ，距離，大きさ，面積など）で測定されます。これは日常の管理で主として使用されますが，目標の達成基準に大いに活用できるものです。

## 4-7 QCDでチェックする

　QCDとは，Quality(クォリティ：品質)，Cost(コスト：費用)，Delivery(デリバリー：納期)の略称で，顧客に対して「品質のよいものを，できるだけ安い費用で作り，必要量を適時に提供する」ことをいいます。

　QCDはすべての職場における三大使命です。

　QCDは，製造業では片時も忘れられることなく日常絶えずチェックされている基準です。しかし，製造業だけではなく，あらゆる業種，すべての職種，みなさん一人ひとりの業務に必要な考え方です。

　すべての仕事には，その仕事の結果を受ける人が必ずいます。製造現場では，前(マエ)工程，後(アト)工程があります。そこで「後工程はお客さま」という合言葉のもとに，「前工程」の担当者は「お客さま」のためにQCDをいっそう向上させようとしています。

　この考え方は一般事務においても必要です。報告書作成の仕事には，報告書を読む人が「顧客」です。すべての仕事には「顧客」がいます。「顧客サービスの向上」「顧客のためになにができるか」という観点から仕事をたえず改善向上させましょう。

## すべての仕事には顧客がいる

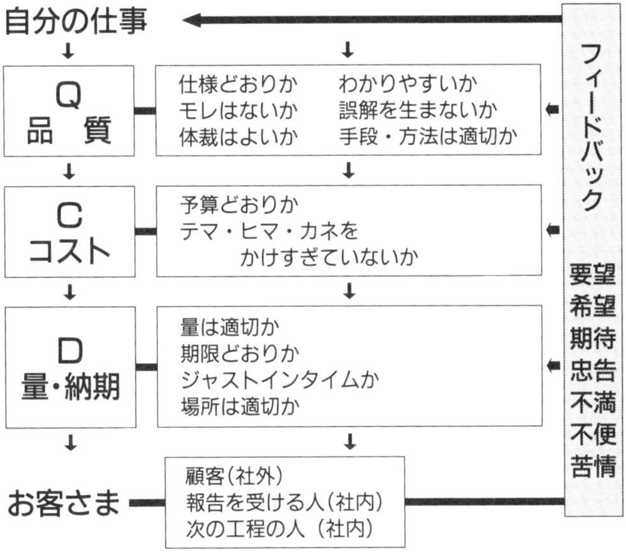
自分の仕事
Q
品　質
仕様どおりか
モレはないか
体裁はよいか
わかりやすいか
誤解を生まないか
手段・方法は適切か
C
コスト
予算どおりか
テマ・ヒマ・カネを
かけすぎていないか
D
量・納期
量は適切か
期限どおりか
ジャストインタイムか
場所は適切か
お客さま
顧客（社外）
報告を受ける人（社内）
次の工程の人（社内）
フィードバック
要望
希望
期待
忠告
不満
不便
苦情

### 報告はジャストインタイム

Deliveryの代りにTime Limit（締切期限：タイミング）をあてQCTという場合もあります。報告はジャストインタイム（just in time：適時）が求められています。

●まちがった報告の例

20センチもあるコンピュータの印刷物（アウトプット：output）をそのまま上司の机の上にドサッと置くようなことは，決して「報告」ではありません。

## 4-8 チェックリストを活用する

問題を多角的にみつめ，抜け落ちを防ぎ，発想を刺激する方法として，チェックリストが活用されます。自分の部門の実情に合ったチェックリストを開発してください。

| No | 営業部門チェックリスト | チェック |
|---|---|---|
| 1 | いまの仕事は会社の目標や方針に合っているか | |
| 2 | いまの仕事は上司の目標や方針に合っているか | |
| 3 | いまの仕事ぶりは，ほんとうに顧客のために役立っているか | |
| 4 | いまの仕事は，ほんとうに顧客の信頼に応えているか | |
| 5 | 顧客は，いまのサービスより別のサービスを求めていないか | |
| 6 | いまのサービスのうちで，すでに時代おくれになっているものはないか | |
| 7 | 顧客の本当の願いはなにか。顧客はなにを求めているか | |
| 8 | 新しい需要が起こりつつあることに気付いているか | |
| 9 | もっと簡単に当社のサービスを受けられるルートや方法はないか | |
| 10 | 当社は，同業種のみならず別の業種と競争していないか | |
| 11 | 新しい業種が育っていないか。システム商品を開発する余地はないか | |
| 12 | いまの仕事は，組織の要請に十分応えているか | |
| 13 | いまの商品でスクラップ・アンド・ビルドできるものはないか | |
| 14 | 営業店では，商品が多すぎて特定の商品しか販売していないか | |
| 15 | 若い人たちの価値観は変っていないか | |

| No | 一般事務部門チェックリスト | チェック |
|---|---|---|
| 1 | あなたの作成した報告書は，正しく活用されているか | |
| 2 | いまの仕事にムダはないか | |
| 3 | いまの仕事は，その価値に比較して時間をかけすぎていないか | |
| 4 | いつも留って考えごとをしなければ片付かない仕事はないか | |
| 5 | 書棚の隅にマニュアルが放置されていないか | |
| 6 | 使われないマニュアルは，なぜ使われていないか | |
| 7 | 転記ばかりしていないか。なぜ転記が必要か | |
| 8 | 第一次情報をそのまま正式なものとして活用する方法はないか | |
| 9 | 月末に仕事がかたよることはないか。解決策を講じているか | |
| 10 | 仕事の分担がアンバランスになっていないか | |
| 11 | ウッカリミスを防ぐ工夫をしているか | |
| 12 | 忘れものをしない工夫をしているか | |
| 13 | 書類さがしに時間をとられ過ぎていないか | |
| 14 | 仕事が自動的に二重チェックを受けられるような仕組みになっているか | |
| 15 | いまの仕事をもっと楽しくする方法はないか | |
| 16 | 上司をもっと上手に助けられないか | |
| 17 | いまの報告書は，読みやすいか。すぐ理解できるか | |
| 18 | いまの報告は，ジャストインタイムになっているか | |
| 19 | 同じような報告書を何通も作成していないか | |
| 20 | 基本的な報告書はキチンと整理されているか | |
| 21 | 思いつきで作成された未記入帳票が山と積まれていないか | |

## 4-9 VA的発想をしてみる

　VAとは，Value Analysisの略称で価値分析といわれています。また，VE（Value Engineering：価値工学）とよばれることもあります。

　VAでは，価値はコストと機能の関数であると考えます。

　もし，現在の仕事（機能）を果すために，コストが2分の1になるような方法があるとした場合，その方法の価値は2倍となります。かりに機能も2倍になるとすれば価値は4倍となります。

　VAの真髄は，機能を定義することと，代替案を探索し評価するところにあります。「カサとはなにか」「定義1：雨を防ぐもの」「定義2：紫外線を防ぐもの」という定義をして，「かっぱはどうか」「紫外線防止クリームはどうか」と代替案を探します。

　VAは，もともと資材の購入にあたって使用される手法からスタートしていますから，機能を固定（「1」）して，コスト中心に発想します。しかし，資材購入以外の一般的な目的に活用する場合は，必ずしも機能を固定して発想する必要はありません。

　VAは大量消費されるネジ1本，伝票1枚にまで適用されています。時間1分，ミス1件，伝票1枚の改善であったとしても，その改善結果は，当初の予想をはるかに超えるものであるかも知れないのです。

第4章 目標のつくり方

## バリューアナリシス　VA

▶VAの公式◀

$$価値（V）＝\frac{機能（F）}{コスト（C）}$$

〈例示〉

$$\frac{1}{1} \rightarrow \frac{1}{0.5} \rightarrow \frac{2}{0.5}$$
　　　2倍　4倍

▶VAのプロセス◀

1 **機能の定義**　　それは何か。何をするものか。

2 **代替案の探索・評価**　　他にその働きをするものは。そのコストは。

3 **改善案の提出**　　代替案の比較。得失。推薦案。

4 **実　行**

> 自動車が年間50万台販売されていると仮定します。ボディの下の**ネジ6個をメッキ**していました。これを全部**油焼き**処理にしました。1台につき**10円節約**になりました。年間いくらの利益増になりますか。

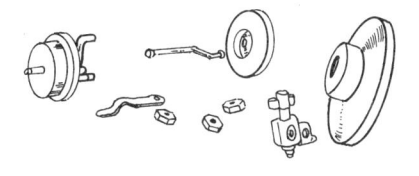

## 4-10 ブレーンストーミングをする

ブレーン・ストーミング（Brain Storming：単にBSともいう）では，複数人がアイデアを出し合う会議を開きます。集団で自由奔放にアイデアを出し合います。会議には4つの原則があります。

① いい悪いの評価をしない

② 自由奔放を歓迎する

③ 量を求む

④ 他人のアイデアの改善結合もよい

BSのテーマには物品や日常業務を取上げます。問題点の発見方法には，①特性列挙法，②希望点列挙法，③欠点列挙法などがあります。「BSによるカサの改良アイデア」は希望点列挙法によるものです。だれかが「地図入りカサ」と提案すると隣の人が「コマーシャル入りカサ」と乗ってきます。個々のアイデアはラベルに書留めます。ラベルは後で整理して並べ替えるときに便利です。

第4章 目標のつくり方

## BSによるカサの改良アイデア

### あいデアル

- ▲ ホネをプラスチックにする
- ▲ ホネのないカサ
- ▲ ホネが透明なカサ
- ▲ 4本ホネのカサ
- ▲ しずくがつかない布
- ▲ ホネと布が別々になるカサ
- ▲ 釣鐘型のカサ
- ▲ 柄に電池を入れ，暖房と照明ができるカサ
- ▲ 2人用のカサ
- ▲ 地図入りカサ
- ▲ 1日差すごとにコマーシャル料が入るカサ
- ▲ 頭上に浮かんでいるカサ
- ▲ 発信機入りカサ
- ▲ おしゃべりするカサ
- ▲ あり場所を教えてくれるカサ
- ▲ 他人が持つと嚙みつくカサ
- ▲ 開かないように鍵のかかるカサ

## 4-11 ワークデザイン的発想をする

　ワークデザイン（Work Design：単にWDともいう）は，発想法の1つで，仕事を革新・改善していくうえで有効です。とくに，対症療法的な改善ではなく，根本的な革新のために役立ちます。ワークデザインは，「目的→理想案→実行案」の順に発想を進めます。「ナゼそうしなければならないか」という発想を次々と繰返します。出てきたアイデアの目的を一段上のアイデアの目的で否定することにより，より革新的なアイデアを得ることができます。

　BSでは「カサの改良点」，WDでは「カサを不要にする方法」という問題の出し方をします。WDでは，そのアイデアを実現するために要する時間や経費は，考慮しなくてよいこととします。つまり「ノータイム（No time)」「ノーコスト（No cost)」が前提となります。アイデアの実行にかかる時間やカネは，当初は度外視してかかります。

「カサの改良点」では，カサから1歩も離れていません。いつも頭の中は「カサ」に占領されています。「カサを不要にする方法」では，カサより上の空に舞上がったり，地下に潜ったり，雨の原因そのものに働きかけたりしています。

第4章 目標のつくり方

## カサを不要にするワークデザイン

### ▶ワークデザイン（WD）のステップ◀

| 目 的 | 理想案 | 実行案 |
|---|---|---|
| 雨に濡れない | 地下道<br>アーケード<br>マイカーの活用 | アーケード<br>にする |

### ▶カサを不要にするWD的アプローチ◀

道に全部カサをかける
全部の道に地下道を作る
全部の道にアーケードをかける
法律により，道路に面した建物にはヒサシを付けさせる
冬は全部の道路に暖房所を設置する
全部マイカー通勤にする
会社の5階以上は，すべて社員のアパートにする
会社を駅の近くに引越す
天気予報を聞いて雨の日は，外に出ない
雨の日だけ会社を休みにする
雨の日は，自己啓発日とする
雨の日は，出前をとる
雨の日は，買物にいかないでスーパーに配達させる
雨雲をコントロールして，アラビアに売る
山間部だけに限定して雨を降らせる

## 4-12　特性要因図で前後関係を明確に

　特性要因図は，ある結果や問題が発生するのは，どのような原因（要因）によるか，原因（要因）相互の関係はどうなっているかを，明らかにするチャートです。もともと日本独自の手法でしたが，Cause and Effect Diagramとして外国にも広まっています。別名「原因－結果図」とか「魚の骨図」ともいわれています。

　MBOでは，次のような場合に使用すると有効です。

| ▶MBOでの活用◀ |
| --- |
| 1　現在の不具合は，いったいどんな要因で発生したかを系統的に調べ，目標をハッキリさせる |
| 2　職場全体の目標を上位目標・下位目標に展開し，目標相互の間におけるかかわりの姿をハッキリさせる。なにがキーとなっている目標か分析する |

　特性要因図を作る場合は，要因を小さなラベルに書留めると，特性要因図に展開する場合に試行錯誤ができて便利です。いまは便利なソフトもありますからコンピュータ，プロジェクタ，スクリーンだけですばやくできます。

## 特性要因図をどのように作るか

| | | |
|---|---|---|
| **1** | グループを組む | 特性要因図は，一人でも作成できるが，職場全体とか，仕事が前後に関連する担当者が集って目標や問題を構造化する |
| **2** | 消耗品を準備する | 模造紙，マジックインキ（太，5色），サインペン（中細），ラベル（カード），セロハンテープまたは画びょう |
| **3** | ラベルに書く | メンバー各人は下位目標または要因をラベルに書き出す。仕事の担当別またはカテゴリー別に担当を分けてもよい |
| **4** | ラベルをグループ分けする | カードが書き上がったならば似通ったカードをグループ分けする<br>グループに見出しをつける。重複したカードは，代表する1枚に統合し，その数をメモする |
| **5** | 魚の骨に展開する | これを模造紙の魚の骨に展開する。大きい要因（目標）は，小さい要因（目標）より，太い骨に近く位置づける。全体の配置を眺め問題がなければ，模造紙に貼りつける。黒板に貼って皆で検討する。その際，不足と思われる要因（目標）は，書き加える。表現がアイマイなラベルは，書換えて上に重ね貼りする |

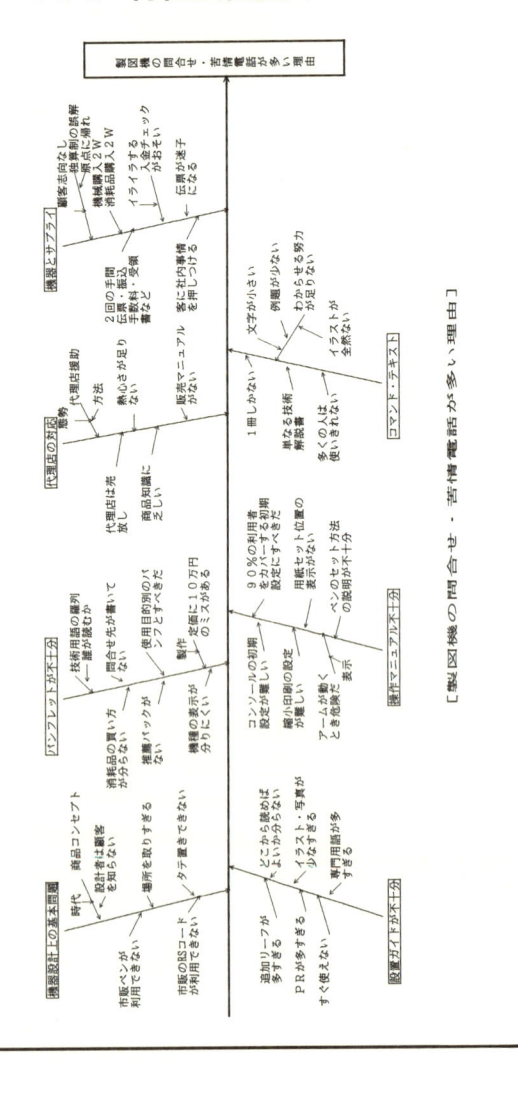

## 特性要因図1

[製図機の問合せ・苦情電話が多い理由]

第4章 目標のつくり方

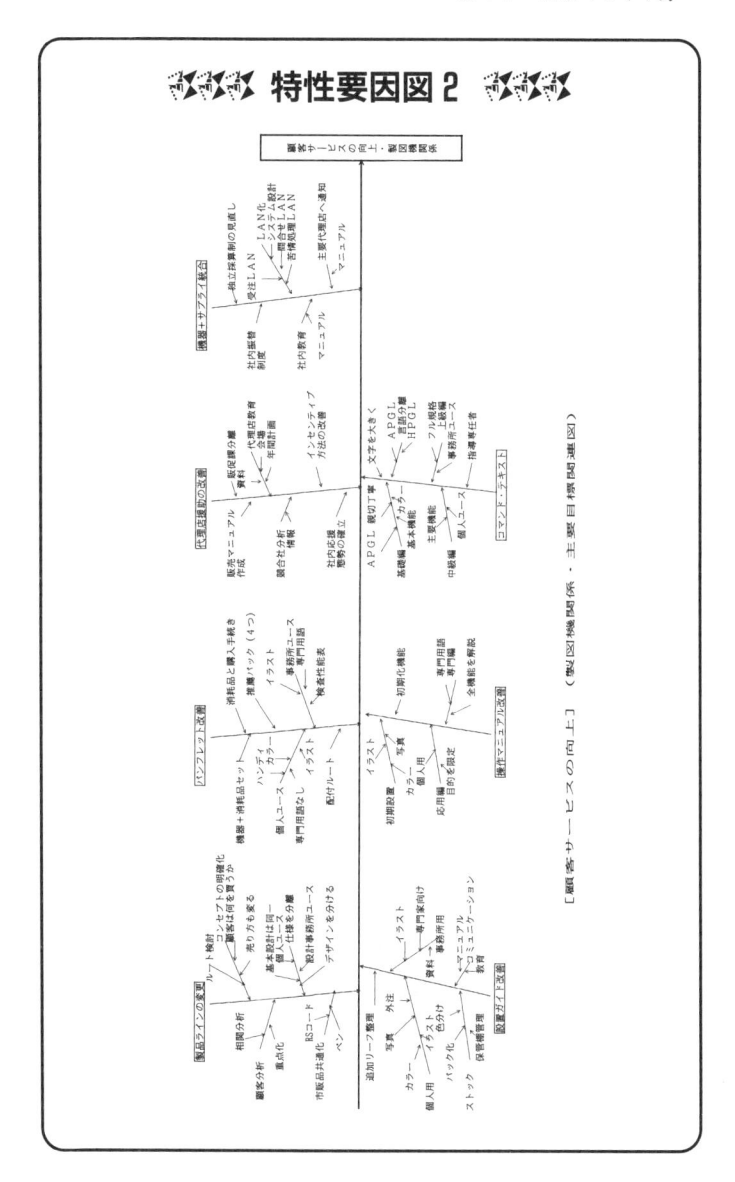

# 特性要因図2

[顧客サービスの向上] (製図機関係・主要目標関連図)

## 4-13　5W1Hとオズボーンのチェックリスト

　仕事や目標をチェックするには5W1Hを活用すると，自分の見方が広がり，見落しが少なくなります。

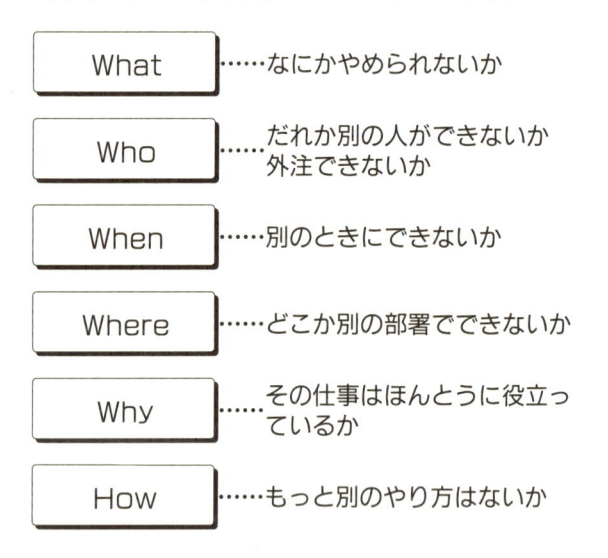

- What ……なにかやめられないか
- Who ……だれか別の人ができないか　外注できないか
- When ……別のときにできないか
- Where ……どこか別の部署でできないか
- Why ……その仕事はほんとうに役立っているか
- How ……もっと別のやり方はないか

　また，問題の発見や解決方法を探索する場合に，オズボーンのチェックリストを使うと新しい視野が開けることでしょう。「それをやめたらどうか」という質問は，仕事の価値を根本から見直すことができます。

　さらに「こういう支障が発生する」という場合は，「それは他のもので代替できないか」と考えてみる。抜本的革新は現状にとらわれない発想から生まれます。

## 🏁 オズボーンのチェックリスト 🏁

| 排　　除 | それをやめたらどうか |
|---|---|
| 正と反 | それを反対にしたらどうか |
| 正　常<br>例　外 | それは異常か，正常か |
| 定　数<br>変　数 | 変るものだけ例外処理したら |
| 拡　大<br>縮　小 | 大きくしたら，小さくしたら |
| 結　合<br>分　離 | それを結んだら，それを分けたら |
| 集　約<br>分　散 | まとめてみる，分割してみる |
| 付　加<br>削　除 | つけ加えてみる，削ってみる |
| 順序の<br>入替え | 組み立て直したら |
| 共　通<br>差　異 | 違った点を生かしてみたら |
| 充　足<br>代　替 | ほかのものに使えるか<br>ほかのものに代えたら |
| 平　行<br>直　列 | 同時にやったら，順番にやったら |

## 4-14 フールプルーフとフェイルセーフ

フール・プルーフとは,人間はいくら注意してもちょっとした不注意で事故やミスを起こすものだという認識のもとに,絶対に事故を起こさないように装置や仕掛けをつくることをいいます。人間のポカ(ケアレスミス)を防ぐこと。別名ポカヨケともいいます。例えば,穴明け作業で両手を使用しないと機械が動かないようにすれば,手に穴を空ける心配はないし,穴を空けた後は微弱電流が流れて機械は停止するとか工夫します。一般の事務においても「間違いを防ぐ」工夫をもっと進める必要があります。

フェイル・セーフとは,失敗したときに安全側に動作する仕組みのことをいいます。機械や設備の一部分に故障が発生しても,それが全体の故障・事故や災害に波及しないように安全が保たれていること。

フール・プルーフは人間のポカを問題にしていますが,これは機械装置やシステム・ダウンのときの対策です。

機械や設備の設計に使用される「本質安全化」は,フェイル・セーフとフール・プルーフを合せた言葉です。コンピュータ・ソフトの50%は操作ミスと安全対策のためのシステムです。

第4章　目標のつくり方

## 人間のポカを防ぐ

FP（fool proof）とは

①しろうとが取り扱ってもまちがいがない仕組み
②だれもがまちがいなく作業できる仕組み
③まちがいを起こしそうになったとき未然に防げる仕組み

FS（fail safe）の例

一定温度以上に過熱するとスイッチが切れる
運転手が病気で倒れ，操縦かんを離すと電車が止る
コンピュータに予備電源装置を設ける

気がついてないよー
鳴ってるでしょ！

あ　ちょっと！
なんでくぐるのよ！

これならまさか
よじのぼらないよね♡

第1段階　　　　　第2段階　　　　　第3段階

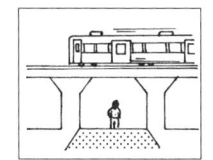

電車が近付くと　　しゃ断機をつける　　高架式，地下式に
信号が鳴る　　　　　　　　　　　　　　立体交差にする

## 4-15 動作経済の原則に立つ

　動作経済の原則とは，作業者が最小限の疲労で最大の生産をあげられるように，最適な作業動作を実現しようとする経験的な法則をいいます。「A商品のパンフレットをください」というと，担当者は，①5メートル離れたところへ行く，②たくさんの種類の中から目指すパンフレットを探す，③カウンタに戻って客に説明する，④逆の方向へ2メートル行く，⑤しゃがんで角2封筒を取りだす，⑥カウンタに戻る，⑦封筒に入れて客に渡す。こういうムダな動作をやっていませんか。

　モノを運ぶときには「活性指数」（かっせいしすう）の考えが重要です。モノがどういう状態に置かれている場合が運搬しやすいかの指数です。これは事務作業にも活用できる考え方です。オフィス・レイアウトを見直すときにも重要な視点を提供してくれます。

　運搬動作は，①まとめる，②おこす，③もちあげる，④運ぶの4動作があり，このテマがゼロの状態を「活性指数＝4」の理想状態とします。スーパーの商品陳列，エア・シュート，コンピュータLANなどはこういう視点からも観察する必要があります。

第4章　目標のつくり方

## 🚩🚩🚩 運搬の動作経済化 🚩🚩🚩

▶動作経済化の方法

① 運ばないで済ます
② 探したり，選ぶテマ，ヒマをなくす
③ 両手・両足を使うようにする
④ 移動する距離を短くする
⑤ 伝票，材料，用具，工具は作業場所の前方に置く
⑥ 動作を楽にする

▶活性指数

| 置いた状態 | まとめる | おこす | もちあげる | 運ぶ | 必要な手間数 | 活性指数 |
|---|---|---|---|---|---|---|
| 床にバラ置き | あり | あり | あり | あり | 4 | 0 |
| 箱または束 | なし | あり | あり | あり | 3 | 1 |
| パレット | なし | なし | あり | あり | 2 | 2 |
| (台車) | なし | なし | なし | あり | 1 | 3 |
| (コンベア) | なし | なし | なし | なし | 0 | 4 |

161

## 4-16 グラフに強くなる

　職場で発生する不良や不具合，故障，災害，事故，ミス，コストなど，いろいろな現象を金額，件数，コスト，数量でその要因を分類し，これをグラフに表すと原因をはっきりさせたり，報告に便利です。ソフトを使ってグラフ，イラスト，デザイン，書体，色などを工夫しましょう。また説明にPPTを使うのもよいでしょう。

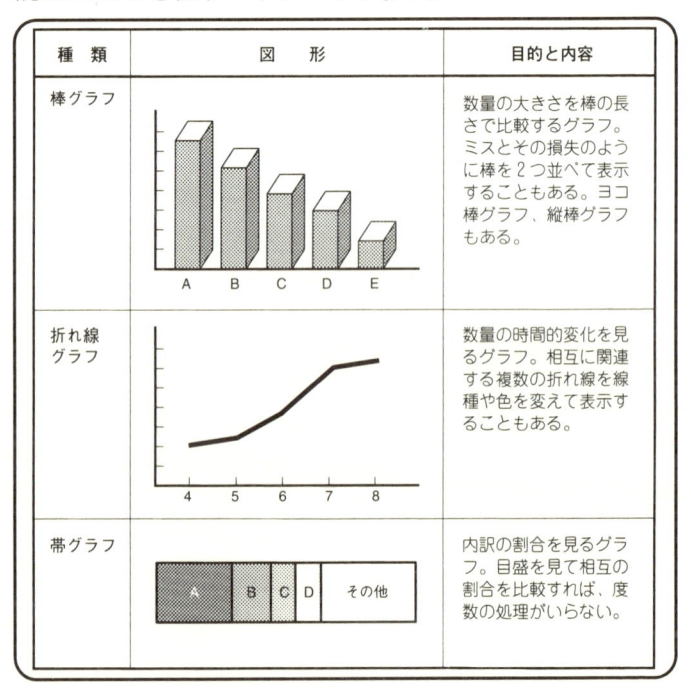

| 種　類 | 図　　形 | 目的と内容 |
|---|---|---|
| 棒グラフ | （A B C D E の棒グラフ） | 数量の大きさを棒の長さで比較するグラフ。ミスとその損失のように棒を2つ並べて表示することもある。ヨコ棒グラフ，縦棒グラフもある。 |
| 折れ線グラフ | （4 5 6 7 8 の折れ線グラフ） | 数量の時間的変化を見るグラフ。相互に関連する複数の折れ線を線種や色を変えて表示することもある。 |
| 帯グラフ | （A B C D その他 の帯グラフ） | 内訳の割合を見るグラフ。目盛を見て相互の割合を比較すれば，度数の処理がいらない。 |

第4章 目標のつくり方

| 種　類 | 図　　形 | 目的と内容 |
|---|---|---|
| 円グラフ | | 内訳の割合を見るグラフ。360度を内訳の量で割り算して大きさを決める。中心点の上の垂線の右から大→小の順に書く。「その他」は最後に書く。 |
| 点グラフ | 東　京／大　阪／名古屋／福　岡 | 数量の単位あたりの大きさを比較するグラフ。同じ面積の中の度数や大きさを表わすのに便利。<br>（例）公園の広さ |
| 正方形グラフ | | 内訳の割合を見るグラフ。正方形を100等分して1コマを1％で表す。<br><br>円グラフ、帯グラフと同じ機能。 |
| 階段状グラフ | | 階段的に変化する数値を一目で分かるようにするグラフ。<br>（例）郵便物の重量別料金。 |

| 種類 | 図形 | 目的と内容 |
|---|---|---|
| 体積グラフ | ホンコン 韓国 日本 中国 | 数量の大小を立方体で表したグラフ。見る人に興味を起こさせ、印象づけるのに便利。 |
| 面積グラフ | 日本 ドイツ アメリカ フランス | 数量の大きさを正方形や円で表し、見る人に直観的に分からせるグラフ。 |
| 絵グラフ | 経理 300 研究 80 営業 500 製造 120 | 数量の大小を対象物を表す絵で表したグラフ。見る人に興味を持たせ直観的に分からせるグラフ。（例）磁気ディスクのデータ保存量 |
| Z図表 | 移動平均件数／月例累計件数／月別件数（4月〜9月〜3月） | Zの文字は3本の線で作られている。Zの最初の直線に移動平均、次の斜線には累計件数、最後の線に毎月の売上件数を書く。3本の折れ線を合成すると趨勢を判断しやすい。 |

第4章 目標のつくり方

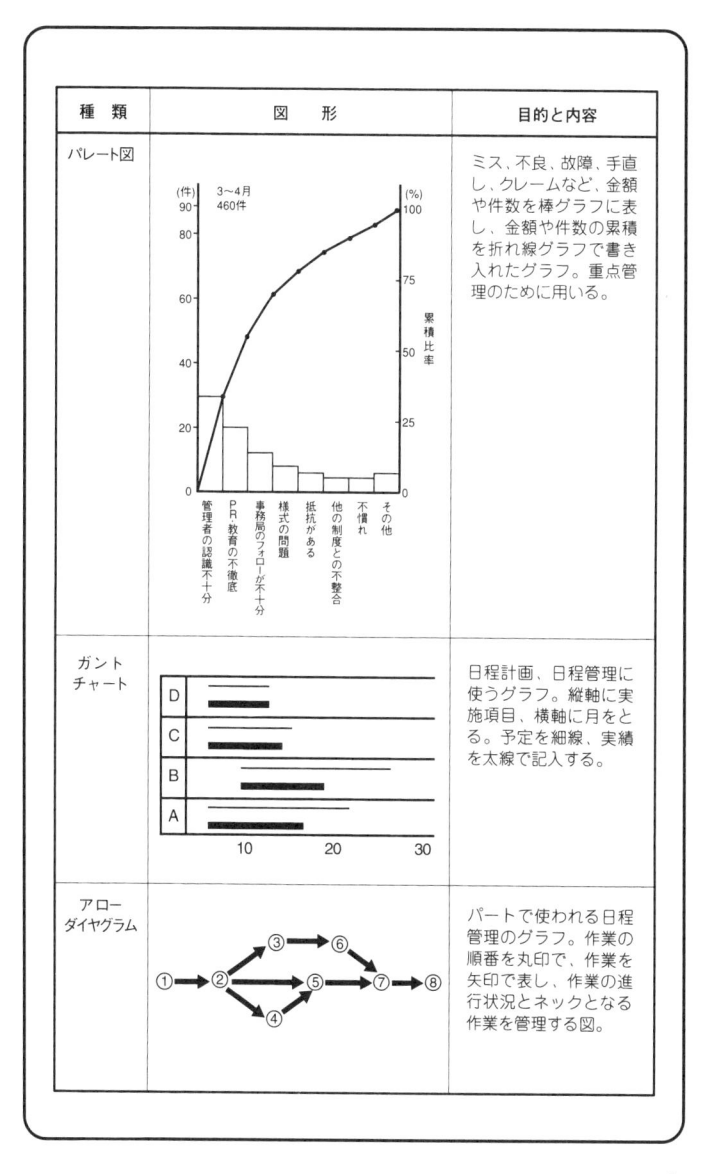

| 種 類 | 図 形 | 目的と内容 |
|---|---|---|
| パレート図 | (件数・累積比率のグラフ。項目:管理者の認識不十分、PR教育の不徹底、事務局のフォローが不十分、様式の問題、他の制度との不整合、抵抗がある、不慣れ、その他。3〜4月 460件) | ミス、不良、故障、手直し、クレームなど、金額や件数を棒グラフに表し、金額や件数の累積を折れ線グラフで書き入れたグラフ。重点管理のために用いる。 |
| ガントチャート | (D、C、B、A の項目について、10、20、30 の目盛りで予定と実績を表す帯グラフ) | 日程計画、日程管理に使うグラフ。縦軸に実施項目、横軸に月をとる。予定を細線、実績を太線で記入する。 |
| アローダイヤグラム | (①→②→③→⑥→⑦→⑧、②→⑤→⑦、②→④→⑤ のネットワーク図) | パートで使われる日程管理のグラフ。作業の順番を丸印で、作業を矢印で表し、作業の進行状況とネックとなる作業を管理する図。 |

*165*

# 第5章
# MBOと諸制度

## 5-1 MBOの背景にある考え方

　MBOは単に仕事をしていく仕組みにとどまらず,その背景には次のような思想があります。日常,あまり意識しませんが,MBOがわからなくなったときや,うまく回っていないときはじっくり読んでみるとよいでしょう。

### MBOの背景

| 思想 | 内容 |
|---|---|
| **自由・平等・創造** | もともと人間は自由であり,また平等でなければならない,それは社会だけでなく職場でも極力実現されなければならない。そうすれば創造力が育ち社会も会社も発展する。 |
| **人間尊重** | 人間は独立した一人前の人格者として尊重されなければならない。1人ひとりの人間を大切にしなければ,これからの複雑高度化した経営は成り立たなくなりつつある。 |
| **欲求段階** | 人間には食べたり寝たりという低次元の欲求が満たされると,次には社会に参加したい,みんなに認められたい,自分の考えを実現したいといった高次元の欲求が次々に生まれ,それを満たすようなマネジメントが求められている。 |

| | |
|---|---|
| **労働観** | 働くことは苦痛ではなく，それを喜びに変えなければならない。そうしなければ人生の3分の1は不幸になってしまうし，会社も損をする。 |
| **組織の見方** | 会社の組織は仕事（目標）を達成するための手段であって，仕事の都合に合わせて改正しなければならない。組織は役職者に高い賃金を払うためではない。 |
| **役職の見方** | 役職は責任の大きさを示すものであって，責任を果たすために権限が認められている。権限だけを振り回して責任をとらないのは誤りである。 |
| **権限の見方** | そもそも権限は仕事（目標）の中に自動的に組み込まれているものであって，目標は実現しなさい，権限は与えないというように二元的に考えるべきではなく，「仕事（目標）＝責任＝権限」と一元的にとらえるべきだ。 |
| **業績観** | 企業は業績を上げることによって社会の負託に応えている。そして業績を上げるためには社員1人ひとりの献身的努力に待たなければならない。 |
| **評価基準** | 評価は客観的な，だれでも理解・納得できる基準で行うべきである。年齢・勤続，性別などの生まれつきで自分でどうすることもできない基準は不公正である。また，評価者の印象，好悪，性向など主観的な評価はできるだけ排除して納得性を高める必要がある。自分の努力でつかめること，客観的であること。 |

## 5-2　MBOは参画と自己統制のマネジメント

　「MBOの背景にある考え方」はよくわかるけれど，実務の場では少し固すぎるきらいがあります。そこでこれをもっとやわらかく言い直してみたのが「MBOのめざすもの」です。

　MBOは参画と自己統制をマネジメントの指導理念としています。この理念は，目標を立てるとき，目標を達成するために努力するとき，その成果がどうであったかを評価するときのすべての段階において適用されます。

　社員一人ひとりが主役となり創造性や自発性が尊重され，また発揮することが期待されています。そして，MBOが最終的にめざすものは「自立し自由に動ける人材を育て，職業生活の充実を図る」ことではないかと思います。MBOのやり方は各社各様ですが，この原点を忘れずに理想に向かって粘り強く推進していけばやがて大きな花も咲くし，立派な実も成ることでしょう。

　最近，真のMBOにとって悪い夢をみているような事例を見受けます。MBOの手続きだけを功利的，短絡的に導入し，それと処遇を結びつけて「成果主義」と称しているケースです。「MBOを導入したら社員の元気がなくなった」という兆候はこの証拠です。「社員が元気になった」「風土が変わった」「活気がでてきた」，これは吉兆です。

## MBOのめざすもの

- 社員の自発性を尊重します

- 社員の創造力が発揮できるようにします

- 社員のいっそうの能力向上を図ります

- 社員が仕事を通じて働きがいがもてるようにします

- 業績を正しく評価し処遇に反映します

- 管理職のマネジメント能力を向上させます

- 環境変化に柔軟に対応できる経営にします

- 仕事の革新・改善を促進します

- 会社の業績を向上させます

自立し自由に動ける人材を育て，職業生活の充実を図る

## 5-3 職務分掌規程を簡素化する

　多くの会社には各部課別の職務分担を明らかにした規程があります。これを職務分掌規程（職務分担規程）といいます。職務分掌規程の特徴は次のとおりです。

| | |
|---|---|
| 1 | 会社の仕事を類型化し分担を決めている |
| 2 | 「～に関する事項」と抽象的に定めている |
| 3 | 大まかな行なうべきことは書いてあるが「成果」は書いてない |

　職務分掌規程では，①だれが，②なにを，③どれだけ，④どのように，⑤いつまでに，⑥どんな権限によって，なすべきかは一向に明らかではありません。

　従来の職務分掌規程は，積極的・前向きのときは参照されず，消極的・後向きのときに限って参照される傾向があります。MBO体制のもとでは，職務分掌規程は必要最小限度に簡素化します。仕事（目標）があって組織があります。分掌規程があって仕事があるのではないからです。

## 職務分掌規程の例

### 総務部の仕事（抜粋）

① 文書の管理ならびに電話の受付交換に関する事項
② 事務用品の保管ならびに払い出しに関する事項
③ 事務所内の整理ならびに管理に関する事項
④ 社用自動車の管理に関する事項
⑤ 社則の編集，示達ならびに諸規程の制定，改廃，立案に関する事項
⑥ 株式に関する事項

### 経理部の仕事（抜粋）

① 決算に関する事項
② 損益計算に関する事項
③ 原価計算，採算に関する事項
④ 諸税の調査申告に関する事項
⑤ 金銭出納および銀行取引に関する事項

## 5-4 職務権限規程を絞る

「権限は目標（仕事）に従う」……これがMBOにおける権限の原則です。特に明文規程がある場合，あるいは上司から留保された権限以外は，実際に仕事を遂行する本人に属します。権限は，目標（仕事）の中にあるのであって，上司から委任されるものではありません。

MBOの下では「わたくしには，その権限はありません」は禁句です。これは「わたくしには，その仕事をする能力はありません」というのと同じ意味です。

権限は使い切らなければなりません。「目標＝権限」ですから，仕事の成果をよりよいものにするため，またより高いものとするために権限はフルに行使するのが，MBOの立場です。「権限を使い切るのも責任のうち」と心得てください。

MBOの導入とともに，職務権限規程は全面的に見直し，細かな定めはカットして「どうしても重要なもの」だけに絞るべきでしょう。仕事を特に慎重に運ぶために別の観点からチェックを要するもの，あるいは財務的な観点から資金措置を講ずるためチェックを要するものなど，本人の権限行使を組織の立場からバックアップするために必要なものと位置づけるべきです。

第5章　MBOと諸制度

## 権限は目標に従う

### ▶MBOにおける権限の考え方

目標 ＝ 権限　　権限は目標に従う

禁句：わたくしには、その権限はありません
責任：権限はフルに使い切らなければなりません

### ▶上司を使い切る

「ドシドシ目標にチャレンジしましょう」
「上司を自分の目標のためにフルに活用しよう」
「上司の力を引出そう」
「上司が自分のために働いてくれるよういろいろと工夫してみよう」
「他部課を自分の目標を達成するために協力させよう」
「困難に挑戦し、自分の能力を高めよう」
「仕事を通じて、上司に自分の能力を高く買ってもらおう」

やろう！

## 5-5 目標があって経営組織がある

　MBOを推進する手段として経営組織があります。組織があって仕事があるのではなく仕事があって組織があると考えます。仕事（目標）が先，組織は後です。組織があって仕事があるとするのは官庁の考え方です。このように現代の経営組織は，制度的・静態的に捉らえるのではなく，目的的・動態的に捉らえるのが正しい見方といえます。

　組織は「その当時の」必要があって生まれたものですが，それがだんだん大きくなり成熟していくに従って，硬直化し，保守化し，自己目的化するようになり，「仕事の道具」でなくなり，ついには「仕事の邪魔」をするようになります。その原因は人間が習慣の虜（とりこ）になっていることと，既存の組織に一種の「利権化現象」が発生することです。

　打つ手を例示すると次のようになりましょう。
①顧客中心に組織を編制替えする，②管理階層を少なくする，③役職位の数を減らす，④権限を現場に下ろす，⑤自己統制の範囲を広げる，⑥専門能力を開発する，⑦その専門能力も複合的専門能力化を図る，⑧コンピュータ化をいっそう推進する，⑨データベースを中心に情報を共有化する，⑩情報の共有化を取引先まで広げる，ことなどが重要です。

第5章　MBOと諸制度

## 組織の見方

### 動態論と静態論

▶民間企業の考え方（動態論）

| 仕事（目標） | ➡ | 組　　織 |

▶官庁の考え方　（静態論）

| 組　　織 | ➡ | 仕　　事 |

▶経営組織についての正しい見方

① 組織は，仕事の手段である
② 組織は，仕事（目標）に都合がよいように編制されていなければならない
③ 組織は，一時的なものであって，未来永久に続くものではない
④ 組織があって仕事があるのではなく，仕事（目標）があって組織がある
⑤ 組織は，絶えず自分の組織の存在理由を業績で示さなければならない
⑥ 組織は，よりよく機能する他部門によって徐々に奪われる
⑦ 組織は，管理職を処遇するためのものではない
⑧ 組織とは，目標（仕事）の連鎖をいう

## 5-6　役職位は仕事の手段

　経営組織が仕事の手段であれば,役職位も仕事の手段です。役職位は処遇システムでないこと,むしろ役職位の本質は「責任システム」とでも呼ぶべきものです。
「役職位は処遇システムではない」「役職位は既得権ではない」「役職位にはそのときの最適任者が任命される」という言葉は,役職位の手段性を鮮明に物語っています。
　役職位にはライン役職位とスタッフ役職位があり,スタッフ役職位は専門職です。専門職も処遇システムではなく,マネジメント・システムに属します。
　役職位が既得権でないということは「役職位にはそのときの最適任者が任命される」と合わせて考えると理解しやすいでしょう。ここで「任命」とは着脱自在（ちゃくだつじざい）という意味です。そのときの環境条件・戦略経営計画・目標の変化に応じて,組織内でもっとも適任の者が役職位に就くという原則です。役職位の維持要件は当然業績です。
　役職位の本質は義務の大きさを示す「責任システム」です。課長,次長,部長と地位が上がるにつれて責任が大きくなります。この責任を果たすために役職位には権限が与えられます。権限は目標についてくるものです。

第5章　MBOと諸制度

## 役職位の正しい見方

1. 経営組織は役職位中心である
2. 役職位は処遇システムではない
3. 役職位は既得権ではない
4. 役職位にはそのときの最適任者が任命される
5. 役職位の上下は義務の大きさの序列である
6. 役職位は部下の責任も引き受ける
7. 資格対応役職位は定めない

※資格制度が年功処遇の温床になっている場合は革新が必要です。

## 5-7 MBOは人事制度の推進力

　MBOは人事制度に推進力を与えます。MBOは，従来の静態的・年功的な人事制度に活を入れ，動きを与えます。MBOを軸にして人事制度全体を総合的，有機的，課題中心にダイナミックに回していきます。MBOは管理職年俸制の必須の前提要件であるばかりでなく，これからの人事制度全般にわたる前提要件ともなっています。

　人事制度は，それぞれの諸制度がバラバラに存在するものではなく，個々の制度は企業の成功・発展のために有機的に関連づけられていなければなりません。中心になる柱はMBOです。「LRP→MBO→評価→処遇・能力開発」という順になります。人事制度を評価・検討したり，改善する場合，MBOから目を離してはなりません。

　人事制度はすべてマネジメント・システムにどういう貢献ができるかという観点をいつも頭に置き，改善・革新される必要があります。マネジメント・システムを正面から採り上げ，それに正当な位置を与えるとともに人事システムはマネジメント・システムを人的資源面から支えるものです。

　以上のことから「人事制度→人事考課制度→MBO」ととらえるべきではないことがおわかりでしょう。

第 5 章　MBOと諸制度

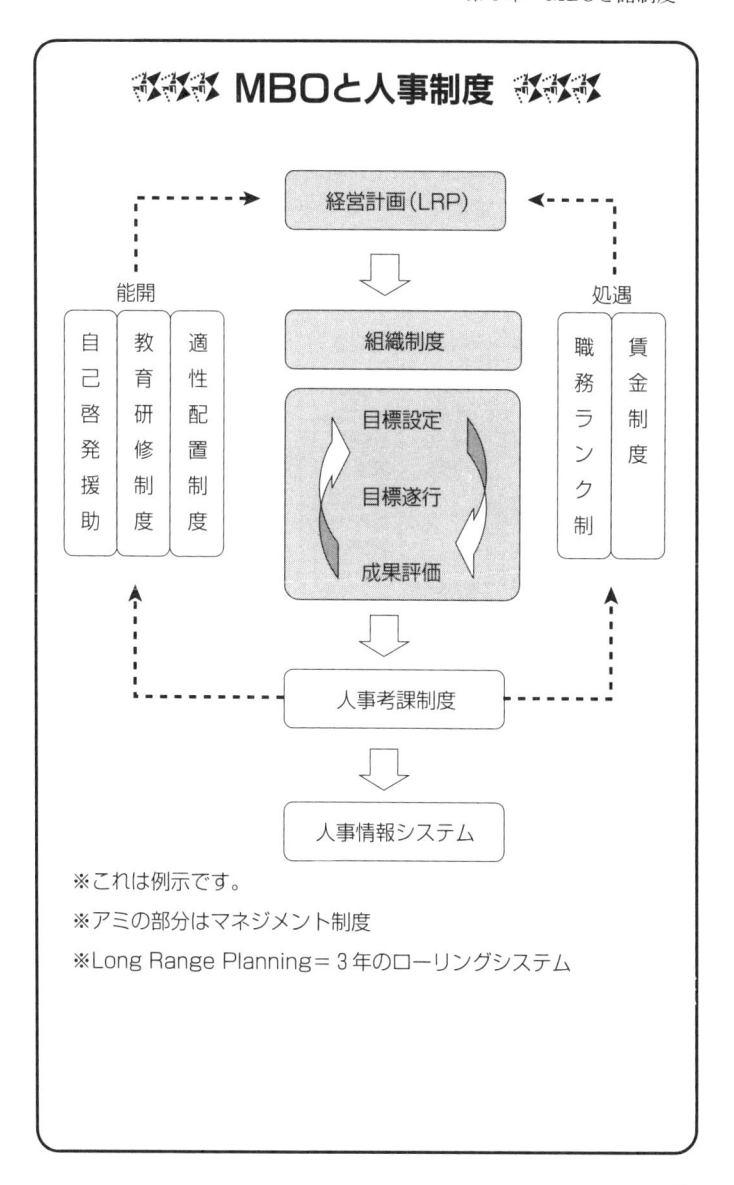

## MBOと人事制度

```
                    経営計画(LRP)
          ┌────────────┼────────────┐
          │            ▼            │
       能開                       処遇
   ┌────┬────┬────┐          ┌────┬────┐
   │適  │教  │自  │          │職  │賃  │
   │性  │育  │己  │  組織制度 │務  │金  │
   │配  │研  │啓  │          │ラ  │制  │
   │置  │修  │発  │  目標設定 │ン  │度  │
   │制  │制  │援  │  目標遂行 │ク  │    │
   │度  │度  │助  │  成果評価 │制  │    │
   └────┴────┴────┘          └────┴────┘
          ▲                        ▲
          └──────  人事考課制度 ─────┘
                       │
                       ▼
                  人事情報システム
```

※これは例示です。

※アミの部分はマネジメント制度

※Long Range Planning＝3年のローリングシステム

## 5-8 MBOと人事考課の関係

　MBOと人事考課の関係はどうなりましょうか。MBO体制のもとでは本人の達成した成果をできるだけ素直に人事考課に反映させることにします。人事考課は賞与・昇給・昇格・能力開発の4つの分野で使います。その基本的な使い方は次のとおりです。

| 処遇 | 反映内容 | MBOとのリンク度 |
|---|---|---|
| 賞与 | リザルト評価を反映 | ◎ |
| 昇給 | リザルト評価とプロセス評価を所定の割合で反映 | ○ |
| 昇格 | 成果の効果性，チャレンジの事実，能力 | ◎ |
| 能開 | 観察された能力・技術をフィードバック | ○ |

　賞与は過去の特定期間に対応して支給するもので，打ち切り支給，精算払い的性格があります。昇給は昇給制度があれば適用になり，なければ一種の契約更改になります。

　昇格審査は資格・等級の［上昇・維持・下降］です。成果の効果性がもっとも重要ですが，「チャレンジの事実」が入っていることに注目してください。収入格差は主として昇格格差ですから早く昇格すると有利です。能開は能開必要点により会社がセミナー・通信教育等の機会を提供するものです。

# MBOと人事考課の関係

## MBOシート

| No. | 主要 | 目標 | 達成基準 | 施策手段 | 関係先 | 自己評価 | 上司評価 |
|---|---|---|---|---|---|---|---|
| 1 | ◎ | ------ | ------ | ------ | ------ | SABCD | SABCD |
| 2 | ○ | ------ | ------ | ------ | ------ | SABCD | SABCD |
| 3 |   | ------ | ------ | ------ | ------ | SABCD | SABCD |
| 総合 | 加点事項を加えたコメント |||||| SABCD |

## 人事考課表

| | 考課項目 | コメント | 評語 |
|---|---|---|---|
| リザルト評価 | 目標達成度 | | SABCD |
| | 日常業務 | | SABCD |
| | 難易度 | （上記2つに対応） | SABCD |
| | リザルト総合 | | SABCD |
| プロセス評価 | 計画過程 | | SABCD |
| | 遂行過程 | | SABCD |
| | 評価過程 | | SABCD |
| | 部下育成 | （部下もちの上司） | SABCD |
| | プロセス総合 | | SABCD |

※プロセス評価は別達チェックシートを用意し，各過程の行動・事実を評価する。

## 5-9 年俸制に不可欠なMBO

　今や管理職年俸制は当たり前になりつつあります。「あなたの年俸は1200万円です」というように管理職の賃金を1年単位で決定します。これは「管理職の賃金が毎年自動的に上がる仕組みは、おかしいのではないか」という賃金制度そのものに対する基本的な疑問からスタートしています。管理職年俸制では成果と賃金を直結させ成果イコール賃金という考え方をします。仕事給1本とし手当は大幅に整理します。定期昇給は廃止となります。人事考課はMBOの達成成果を反映し業績・成果中心の評課とします。

　管理職年俸制は単に賃金を1年単位で決定するという賃金形態上の目新しさのみでなく、いままでの日本の人事諸制度を根本から見直し、大変革の契機となる新しい考え方がたくさん潜んでいます。

　管理職年俸制のポイントは、①成果給であること、②定昇制度はないこと、③マネジメント制度にMBOを採用すること、以上の3つです。この3つのポイントを基点として、人事諸制度のいっそうの革新、見直しが進んでいます。

　MBOは管理職年俸制の必須の前提であるばかりでなく、これからの人事諸制度革新の中心に位置づけられています。

## 管理職年俸制

### ▶年俸制の定義

年俸制とは基本的には成果給を念頭においた，従業員に支給する賃金の基本となる部分を1年分まとめて提示する賃金制度をいう。

### ▶管理職年俸制の概要

1. 1年間でいくらと賃金を決める
2. 定期昇給は廃止し，毎年成果により年俸を更改する
3. 役職手当，住宅手当，家族手当等は年俸に吸収する
4. 年俸を月給部分と賞与部分に分けて分割支給する
5. マネジメント・システムに目標管理制度（MBO）を導入する

## 5-10　達成成果の評価の仕方

　目標の成果は達成基準によって評価します。達成基準は目標設定時の必須事項ですが，目標設定時には時間的ゆとりがないときや，その後前提条件が変化しているときなどは，評価はカンタンではありません。達成度評価は次の条件が揃っているときは比較的信頼度が高いでしょう。

　　①上司が部下の仕事を良く知っている
　　②格付ランク，能力レベルがそろっている
　　③周辺業務ではなく本務に目標を設定している
　　④達成基準が数量で表示されている
　　⑤テーマ，達成基準，施策・手段が適切である
　　⑥期中に前提条件の変化がない

　目標が数量目標のときは定性目標より評価しやすいことは確かですが，それも程度問題で，どれを取り上げても単純ではなく，深い考察が必要です。成果の評価をうまくやるためには目標設定を適切に，しっかりやる必要があります。目標は組織に役立つ成果であることを忘れないでください。

　「本務」とは核心となる業務，コア・ミッションのことです。評価者は単に数字合わせをするのではなく，経営的見地から組織に対する貢献度を判断する必要があります。

# 評価の計量化

## 交差点を求める方式

| 目標 | ウエイト(A) | 達成度(B) | 交差点(A×B) |
|---|---|---|---|
| 目標1 | 55 | 80% | 44点 |
| 目標2 | 30 | 100% | 30点 |
| 目標3 | 15 | 120% | 18点 |
| 合計 | 100 | | 89点 |

目標に数字でウエイトをつけると目標修正のつど変更する必要がありMBOが複雑になる傾向がある。

## 最終評価を点数に置き換える方式

| 評語 | 達成度 | 点数 |
|---|---|---|
| S | $100+2\alpha$ | 120 |
| A | $100+1\alpha$ | 110 |
| B | 100 | 100 |
| C | $100-1\alpha$ | 90 |
| D | $100-2\alpha$ | 80 |

※$\alpha$は期首または期末に決める

賞与の原資配分にあたり最終評価を点数にすると、評価が正規分布でなくてもカンタンに計算できる。

　単価＝総原資÷Σ(階層ウエイト×得点)

　本人得点×単価＝賞与

## 5-11 目標に延長戦はありますか

　野球は9回を終わって同点のときは延長戦があります。MBOの9回はサイクル期間の終期です。サイクル期間が6か月の場合，次のサイクル期間に同じ目標を繰り越して，1年間を通算して評価することを認めるか，認めないかが，ここでのテーマです。

　営業マンの売上目標を想定してください。営業マンは毎期，同じような目標を設定します。年度末にはチャンと結果を出しますから通算して評価して欲しい，といわれたらどうしますか。これは賞与とも関係があります。年間臨給方式ですか，夏冬型ですか，冬夏型ですか。これも頭において検討する必要があります。

　多くの事例は各サイクル期間を独立して扱い，年間評価は各期の評価を平均しています。数個の目標は各期まったく同じという保障はなく，むしろ変化に対応していく意味で各期間を独立して取り扱うのが妥当でしょう。

　この判断には業種・業態も関係があります。設備産業は1年サイクルが実情にあっている面があります。そこでは事業年度始めに年間基本目標を設定し，上・下にブレークダウンして期の目標を展開しています。この例では上期の評価は中間評価で，下期の評価を年間評価にしています。

# 目標の延長戦

## 目標の延長戦を認め評価しますか

### 独立評価とする例が多い

| 野球 | 9回 | 10 | 11 | 12 | 13 | 14 | (延長あり) |
|---|---|---|---|---|---|---|---|
| MBO | 6か月 →  | | 6か月 | | | | (延長あり) |
| | 独立評価 | | 独立評価 | | | | (延長なし) |

### 基本目標を期目標に展開する例

| 上期MBO | 下期MBO |
|---|---|
| 12か月の基本目標を設定する | |

上期の評価は中間評価　　下期の評価は年間評価

### 3か月サイクルのMBOの例

| 3か月 | 3か月 | 3か月 | 3か月 |
|---|---|---|---|
| 年間基本目標 | | | |

各期の評価は独立
期中に目標の修正問題が起きにくい
MBOをネットで展開しているので即時キリカエが可能

## 5-12 目標以外の成果も評価する

　成果には期初目標の成果のほかに結果目標があります。
　現代は環境，市場，競争条件などがめまぐるしく変化しています。目標は6か月前，あるいは1年前の条件を前提に設定されています。目標に掲げなかったけれども結果としての目標等価物は目標と同列に評価するのが妥当でしょう。結果目標には「追加成果」「副産物」「特命課題」「飛込仕事」などがあります。
　これらの評価のモノサシはなんでしょうか。期初の目標には達成基準というモノサシがあります。これはマエモノサシです。結果目標のモノサシはアトモノサシということになります。目標等価であること，組織基準クリアという条件つきのアトモノサシを使い，目標の加点事項とします。
　申すまでもなく，目標サイクル期間は企業の会計期間と同じく人為的に業績を把握するための仕組みに過ぎません。実質的には目標の開始，必要な期間，戦略・方針などはカレンダーに関係なく，常時発生しているのですから，機動的にいつからでも，スピィーディに取り組む必要があります。「目標はいつでも発生する」「毎日24時間受け付ける」，そういった柔軟性が求められます。

## 結果目標の評価

### 二つのモノサシ

|  | 内容 | モノサシ | 評価基準 |
|---|---|---|---|
| 期初目標 | 通常の目標 | マエモノサシ | 達成基準 |
| 結果目標 | 追加成果<br>副産物<br>特命課題<br>飛込仕事 | アトモノサシ | 目標等価物<br>組織の遂行基準※ |

※組織が歴史的に獲得・形成してきた遂行基準

### 目標は常時発生している

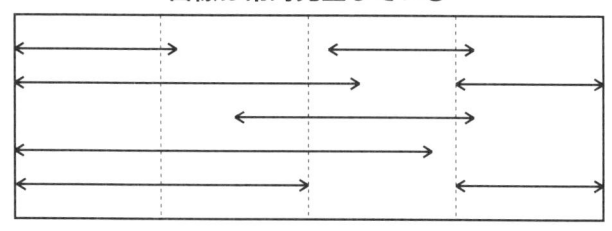

| サイクル | サイクル | サイクル | サイクル |
|---|---|---|---|

## 5-13　日常業務と目標の評価

　仕事は日常業務にまで標準化（RW化）されて，はじめて所定のQCDで安定して遂行できます。しかし，事業，製品，商品，仕入，サービスは時代とともに変化していきますから，業務の革新・改善も当然必要です。情報処理手段もどんどん変貌しています。

　日常業務の遂行基準は「組織が歴史的に獲得・形成してきた基準」です。これを組織基準といいます。目標の遂行基準は達成基準です。

　目標はすべての業務に立てなければならないということはありません。目標はチャレンジを共通の要素とします。補助業務，特定専任業務では目標を立てない場合が多いでしょう。また，新人は管理職を除き目標を立てません。経験を積むにしたがって技術，コツを習得し，視野も広がっていきますから，そのときはチャレンジしてください。

　職務のすべてが企画・調査・研究・その他プロジェクト型のときは，「職務＝目標」となりますが，多くの人は「職務＝日常業務＋目標」になります。リザルト評価にあたって，この割合を「70：30」などと計数化することはありません。なぜならすべての仕事は「成果」をみつめて総合判断するからです。電卓をたたくのは単に寄せ算であって，これは評価の事前作業です。

## 日常業務の評価

組織基準＝組織が歴史的に獲得・形成してきた遂行基準

実績，経験，手順，方法，技術，ノウハウなどを総合した知的資産からもたらされるもの。
一部，作業標準書，作業基準書，引継書，マイジョブなどの文書になっていることもある。

### 目標，職務・役割，業務の関係

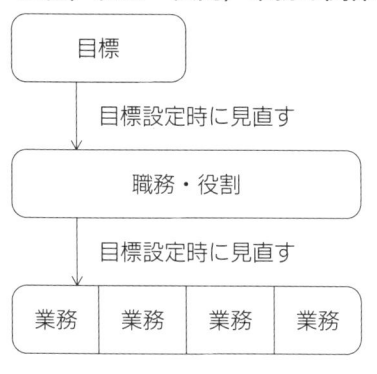

```
┌─────────────┐
│    目標     │
└──────┬──────┘
       │ 目標設定時に見直す
       ▼
┌─────────────┐
│  職務・役割  │
└──────┬──────┘
       │ 目標設定時に見直す
       ▼
┌────┬────┬────┬────┐
│業務│業務│業務│業務│
└────┴────┴────┴────┘
```

※毎期，最新内容で更新する。

## 5-14 難易度調整の考え方

　目標には達成基準があります。達成基準は評価のモノサシです。このモノサシに照らしてどの程度達成したかを評価します。

　一方，MBOはもともと「個をみつめたマネジメント」ですから目標は本人の能力を前提に設定しています。「能力を少し上回るレベル」「ないものねだりはしません」というコトバはこのことを示しています。

　そうすると意図的に低い目標を設定した方が高い評価を得ることができると，だれしも考えます。この考えが広まると「目標の低位化傾向」という望ましくない現象が発生します。

　目標設定時には本人の等級，役職レベル，本人の期待水準，組織の遂行基準などをもとに正しい目標か否かをチェックします。そのようなチェックをしても評価段階の難易度調整は必要で，達成内容・達成度・効果性などをもとに調整する必要があります。

　賞与は難易度調整後の評価を使います。また，「昇格・維持・降格」審査によって等級をアジャストします。これからの措置は正しい賞与，正しい給与を実現するだけですから，さらに昇進・降進によって役職位のアジャストもします。

第5章 MBOと諸制度

## 難易度調整の考え方

### 同一等級の2人の目標

|  | 能力 | 目標 | 達成 | 達成率 |
|---|---|---|---|---|
| Aさん | 優秀 | 売上高 3億円 | 2.8億円 | 93% |
| Bさん | ふつう | 売上高 2億円 | 2.2億円 | 110% |

- 目標は能力より高め。「個別化の法則」
- 高低はあるがどちらも挑戦
- これをそのまま評価に反映してよいか

↓

不公平だ

役職位調整 ← 資格等級調整 ← **難易度調整**

正しい組織 / 公正な給与 / 公正な賞与

## 5-15 FDで目標シートを提出する

　コンピュータが職場に浸透し，多くの会社で1人1台持っています。MBOは目標を設定するとき，目標を修正するとき，期末に達成成果を評価するとき，目標シートを使います。そうであればフロッピーディスク（FD）でヤリトリすればキレイにハヤク，ラクに記入・修正できます。

　コンピュータ化には4つの発展段階がありましょう。**第1段階**はフロッピーディスクでヤリトリします。表計算ソフトで雛形を作り，記入例を入れて部下に渡します。部下は記入例を見て勉強します。

　上司は，自分の目標と部下の目標推せん案を作り，部下に渡します。部下と面談します。部下は推せん案をよく検討して自分の目標を作成して上司に提出します。合ってよく話し合います。修正があればFDで提出します。確定するとセルをコピーして目標マトリクスをつくり，部下に配布します。職場で目標会議を開きます。当然，プロジェクタを使います。

　実施過程では修正，追加，人事異動などが予想されます。達成成果の評価では自己評価と上司評価があり，SABCDの評価とコメントはFDに記入します。FDのデータは人事考課や人事記録に移し替えがカンタンです。FDの保管責任者は上司にするとよいでしょう。

第5章 MBOと諸制度

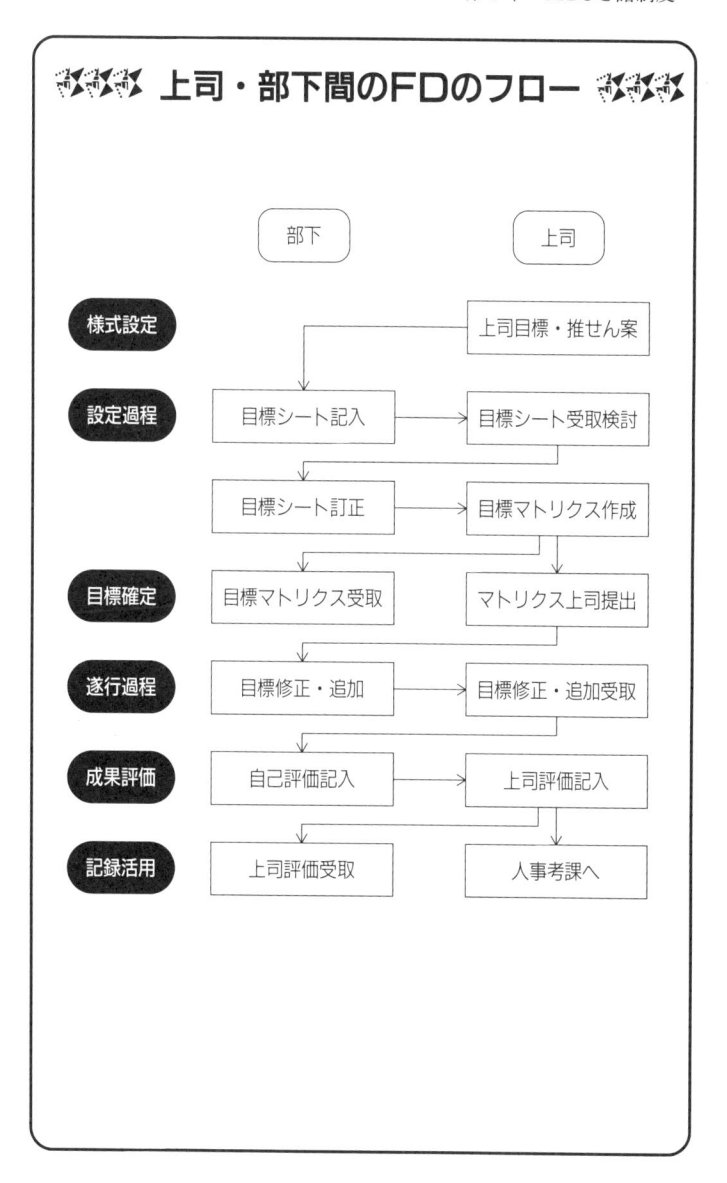

## 上司・部下間のFDのフロー

|  | 部下 | 上司 |
|---|---|---|
| **様式設定** |  | 上司目標・推せん案 |
| **設定過程** | 目標シート記入 | 目標シート受取検討 |
|  | 目標シート訂正 | 目標マトリクス作成 |
| **目標確定** | 目標マトリクス受取 | マトリクス上司提出 |
| **遂行過程** | 目標修正・追加 | 目標修正・追加受取 |
| **成果評価** | 自己評価記入 | 上司評価記入 |
| **記録活用** | 上司評価受取 | 人事考課へ |

## 5-16 MBOをネットに乗せる

　FDのフローチャートを眺めると，そのつどFDをヤリトリしていることがわかります。いっそのことコンピュータを通信線で結べばFDの代わりに1つのハードディスクがあれば済みます。コンピュータ化の第2段階からはLANによるネットワークです。

　**第2段階**は表計算ソフトを使った「ファイル共有」です。上司・部下ともにディスクに保存した1つの目標シートに記入します。セルに数式・関数を埋め込んでおくと目標マトリクス，進捗表，評価一覧表など即座に作成し，参照できます。上司・部下の連絡にはメールを併用します。

　**第3段階**は人事情報システムとの連結です。データベースから基本情報を取り出し，これとMBOシステム全体とをリンクします。これはRDBSになります。目標設定，目標遂行，成果評価，人事評価のすべての過程で，情報とデータを共有することになり，事務手続き，情報伝達は瞬時に行えます。全社のMBO進捗状況はグラフと生情報でたちどころにわかり，マネジメントをライブで見られます。

　右頁は，**第4段階**の例で，職務調査，人事考課，各種申告まで一元化し，データの記入・承認・参照のセキュリティも設定しています。この例では職務内容は目標設定時に同時に更新し，いつも最新の内容が維持されています。

# ✨ MBOネット ✨

## MBOネットワーク例

| 制度 | 運用内容 | 記入 | 承認 | 参照 |
|---|---|---|---|---|
| 目標 | ①目標の設定 | 本人 | 上司 | 部門内全員 |
| | ②目標の追加・修正・廃止・組替 | 本人 | 上司 | |
| | ③月次達成状況と期末達成確率 | 本人 | 上司 | |
| | ④期末達成確率の部門別集約 | 本人 | | |
| | ⑤週末進行状況報告 | 本人 | | 直属上司 |
| | ⑥達成成果の自己評価 | 本人 | | |
| | ⑦達成成果の最終評価 | 上司 | | 部門内全員 |
| 職務明細書 | ①業務の新設・廃止 | 本人 | 上司 | 部門内全員 |
| | ②業務内容の修正 | 本人 | 上司 | |
| | ③主要成果領域の修正 | 本人 | 上司 | |
| | ④職務一覧表 | | | |
| 人事考課 | ①賞与の評価 | 上司 | | 直属上司以上 |
| | ②給与の評価 | 上司 | | |
| | ③昇格の評価 | 上司 | | |
| 申告・手続 | ①自己申告制度 | 本人 | 上司 | 直属上司以上 |
| | ②身上異動事項 | 本人 | 上司 | |
| | ③各種人事手続 | 本人 | 上司 | |
| メール | 部下・上司のホットライン | 当人 | | 公開しない |

※特定の職位からのみ参照できる目標がある。
※期末達成確率はガントチャート，Ｚチャートなどで参照できる。

## 5-17 賃金制度と人事考課

　日本の賃金制度はいま大きく揺れ動いています。これまで年功給から能力給へ切り替わってきましたが，現在は能力給から成果給に変わりつつあります。成果給はMBOになじみやすいので，MBO導入の大きな理由のひとつになっています。

　成果給の典型は管理職年俸制です。今年のあなたの年俸は1200万円です。手当は，通勤交通費以外はありません。昇給制度はなく，それどころか賃金が下がることもあります。これが年俸制です。MBOの達成成果を評価して年俸を査定します。

　一般職にまで年俸制を導入している会社もありますが，年俸制は賃金水準がある程度高くないと導入できません。成果を年俸に反映するのですから，反映部分が小さければ年俸制は成功しない道理です。

　そこで最新の賃金制度を例示して，MBOの評価が賃金のどの部分とつながっているのか，紹介しましょう。もとより評価制度・賃金制度は各社により特色がありますから，あくまで例示にすぎません。管理職は昇給なし，一般職は昇給あり，昇格は評価持点方式，賞与は基準額方式，退職金はポイント方式です。自分の会社と，どこが異なるかよく観察してみるとよいでしょう。

第5章　MBOと諸制度

## 賃金表

### 仕事給表(1/2)　毎年1号昇給

| 等級 | 号俸 | S | A | B | C | D | 人事考課 |
|---|---|---|---|---|---|---|---|
| 1級 | 0 | 176,000 | 173,000 | 170,000 | 167,000 | 164,000 | 高卒初任給 |
| 1級 | 1 | 179,500 | 176,500 | 173,500 | 170,500 | 167,500 | 左右いずれかの賃金 |
| 1級 | 2 | 183,000 | 180,000 | 177,000 | 174,000 | 171,000 | |
| 1級 | 3 | 186,500 | 183,500 | 180,500 | 177,500 | 174,500 | |
| 1級 | 4 | 190,000 | 187,000 | 184,000 | 181,000 | 178,000 | |
| 2級 | 0 | 190,000 | 185,000 | 180,000 | 175,000 | 170,000 | 短大卒初任給 |
| 2級 | 1 | 193,850 | 188,850 | 183,850 | 178,850 | 173,850 | 左右いずれかの賃金 |
| 2級 | 2 | 197,700 | 192,700 | 187,700 | 182,700 | 177,700 | |
| 2級 | 3 | 201,550 | 196,550 | 191,550 | 186,550 | 181,550 | |
| 2級 | 4 | 205,400 | 200,400 | 195,400 | 190,400 | 185,400 | |
| 3級 | 0 | 214,000 | 207,000 | 200,000 | 193,000 | 186,000 | 大卒初任給 |
| 3級 | 1 | 218,200 | 211,200 | 204,200 | 197,200 | 190,200 | 左右いずれかの賃金 |
| 3級 | 2 | 222,400 | 215,400 | 208,400 | 201,400 | 194,400 | |
| 3級 | 3 | 226,600 | 219,600 | 212,600 | 205,600 | 198,600 | |
| 3級 | 4 | 230,800 | 223,800 | 216,800 | 209,800 | 202,800 | |
| 3級 | 5 | 235,000 | 228,000 | 221,000 | 214,000 | 207,000 | |
| 3級 | 6 | 239,200 | 232,200 | 225,200 | 218,200 | 211,200 | |
| 3級 | 7 | 243,400 | 236,400 | 229,400 | 222,400 | 215,400 | |
| 3級 | 8 | 247,600 | 240,600 | 233,600 | 226,600 | 219,600 | |

※各等級の上限号俸で昇給ストップする。
※等級が上がるのは昇格で評価持点が等級別の所定点数以上は審査のうえ昇格する。毎年付与の評価ポイント　$S=5・A=4・B=3・C=2・D=1$

## 仕事給表(2/2)　毎年1号昇給

| 等級 | 号俸 | S | A | B | C | D | |
|---|---|---|---|---|---|---|---|
| 4級 | 0 | 250,000 | 240,000 | 230,000 | 220,000 | 210,000 | |
| 4級 | 1 | 254,550 | 244,550 | 234,550 | 224,550 | 214,550 | |
| 4級 | 2 | 259,100 | 249,100 | 239,100 | 229,100 | 219,100 | |
| 4級 | 3 | 263,650 | 253,650 | 243,650 | 233,650 | 223,650 | |
| 4級 | 4 | 268,200 | 258,200 | 248,200 | 238,200 | 228,200 | |
| 5級 | 0 | 294,700 | 279,700 | 264,700 | 249,700 | 234,700 | 左右いずれかの賃金 |
| 5級 | 1 | 299,600 | 284,600 | 269,600 | 254,600 | 239,600 | |
| 5級 | 2 | 304,500 | 289,500 | 274,500 | 259,500 | 244,500 | |
| 5級 | 3 | 309,400 | 294,400 | 279,400 | 264,400 | 249,400 | |
| 6級 | 0 | 342,300 | 322,300 | 302,300 | 282,300 | 262,300 | |
| 6級 | 1 | 347,550 | 327,550 | 307,550 | 287,550 | 267,550 | 昇給制限 |
| 6級 | 2 | 352,800 | 332,800 | 312,800 | 292,800 | 272,800 | |
| 7級 | 0 | 413,300 | 383,300 | 353,300 | 323,300 | 293,300 | |
| 7級 | 1 | 423,300 | 393,300 | 363,300 | 333,300 | 303,300 | 昇給制限 |
| 8級 | 0 | 495,700 | 455,700 | 415,700 | 375,700 | 335,700 | 昇給なし |
| 9級 | 0 | 589,500 | 539,500 | 489,500 | 439,500 | 389,500 | 昇給なし |

### 賞与の算定基準額方式

等級別算定基礎額×リザルト評価=賞与

## ポイント制退職金制度

等級別に毎年ポイントを付与し，退職するときは累計ポイントにポイント単価を掛けて退職金を計算する。

| 勤続 | 付与点 |
|---|---|
| 1-5年 | 6 |
| 6-10年 | 10 |
| 11-15年 | 20 |
| 16-20年 | 25 |
| 21-25年 | 40 |
| 26年以上 | 60 |

| 等級 | 付与点 |
|---|---|
| 1 | 3 |
| 2 | 5 |
| 3 | 8 |
| 4 | 11 |
| 5 | 15 |
| 6 | 30 |
| 7 | 40 |
| 8 | 45 |
| 9 | 60 |

[計算例]
勤続10年　勤続ポイント合計80点
等級ポイント
　3+3+5+5+8+8+8+8+11+11
　=115点
退職金
　=195×10,000×0.7=136.5万円
自己都合支給率=0.7
ポイント単価=10,000円
※早く昇格したほうがトクになる。

# 巻末資料
# 目標管理シート

(注) スケジュール欄は、MBO期間が6か月以内のときは廃止してかまいません。

## 課長代理のシート

年度（上／下）MBOシート　所属 建築営業部課長代理　氏名 沢田 博幸

| | | 目標項目（なにを） | 達成基準（どれだけ） | 施策・手段（どのように） | スケジュール 4 5 6 7 8 9 | 関係先（どこと） | 本人評価 | 上司評価 |
|---|---|---|---|---|---|---|---|---|
| 業務目標 | 1 ◎ | 営業予算の達成 | 売上高 50M 粗利 10M | ①既得先拡販（部長同行）②設計事務所ルート開発 ③B／Kルート活用 | | | A ⓑ C 達成率97% | Ⓐ B C よく頑張った |
| | 2 ○ | 低金利を活用した企画書開発 | ①今期中に完成 ②売上高 10M | 企画書作成・訪問販売 | 作成 → 訪販 | | A B C 15M獲得 | Ⓐ B C 成功 |
| | 3 | 新規情報源開拓 | 5件 | ①地域内税理士ルート ②地域内経営コンサルタントのルート | 掴中 | | Ⓐ B C 4件 | Ⓐ B C ほぼ達成 |
| | 4 | | | | | | A B C | A B C |
| | 5 | | | | | | A B C | A B C |
| | 追加 | | | | | | | |
| 能力開発目標 | | エリアマーケティング能力開発 | 新アイデアを仕入れる | 建設研修社セミナー | 月2回受講 | | Ⓐ B C 今後の企画に生かす | Ⓐ B C 予定どおり |
| | | 得意先とのコンタクトを切らないこと。低金利商品にも期待。(4/5) | | | | | A B C | A B C |

※加点事項（上記以外の革新・向上の事案、特命・飛込み業務、企画提案型営業の成功は、高く評価する）

※面談メモ　低金利商品を高評価。他の目標もほぼ達成。

※総合評価 Ⓐ B C 低金利商品を十分達成できなかった。

①※欄は上司記入。②評価　A：基準を大きく越えて達成した。　B：目標をほぼ達成した。　C：目標を十分達成できなかった。

上司 三田 博司

巻末資料

## 土木主任のシート

| 所属 | 土木部土木課主任 | 氏名 | 横浜 一郎 |

年度（①/下）MBOシート

| | 目標項目(なにを) | 達成基準(どれだけ) | 施策・手段(どのように) | スケジュール 4 5 6 7 8 9 | 関係先(どこと) | 本人評価 | 上司評価 |
|---|---|---|---|---|---|---|---|
| 主要 ◎◎ | | | | | | | |
| 1 ◎ | 完工目標の達成 | 岬中発工高 5億円 利益 1億円 | ①工程改善 ②IEによる人工程能率向上 ③VEにより資材費節減 | 岬中 ————→ | 協力会社 資材部 | A(B)C 102% 達成 | (A)BC 目標は達成 安定化の事 |
| 2 ○ | 安全管理の徹底 | ゼロ災害継続 | ①KY運動の徹底 ②ミーティングの改善 | 岬中 ————→ 月1回開催 | 協力会社 メンバー | A(B)C ゼロ災継続 | A(B)C 予定どおり |
| 3 | 新人指導育成 | ①井上君を2級レベルに ②青野君の資格取得支援 | ①OJT ②個別指導 | ① ———————→ ② ———————→ | | A(B)C 予定どおり | A(B)C 青野君は未明合格の事 |
| 4 | | | | ① ———————→ | | ABC 順票チェック下期継続 | ABC よくやった |
| 5 | | | | ② ———————→ | | ABC | ABC |
| 追加 | | | | | | ABC | ABC |
| 能開目標 | 資格取得 | 1級土木工事施行管理士 | ①講習会参加 ②自己啓発 | ① ————受験 ② ———————→ | | A(B)C 合格 | (A)BC おめでとう |
| | | | | | | ABC | ABC |

※画論メモ IE、VE等の運用については、対象、コスト、効果を歴史的に記録しておくこと。

※加点事項（上記以外の革新・向上の事実、特命・飛込み事務）浜町ビルは難工事で、予算削減のなかでよく健闘した。1級合格は後輩の指導にも説得力をもつ。

※総合評価
1級取得どうしても必要であろう。ありがたい

①※欄は上司記入。②評価 A:基準を大きく越えて達成した。 B:目標を達成した。 C:目標を十分達成できなかった。

上司 木村 勝夫

巻末資料

# 総務課員のシート

年度（上／下）MBOシート　　所属 総務課　　氏名 港 洋子

| 主要 ◎○ | | 目標項目 (なにを) | 達成基準 (どれだけ) | 施策・手段 (どのように) | スケジュール 4 5 6 7 8 9 | 関係先 (どこと) | 本人評価 | 上司評価 |
|---|---|---|---|---|---|---|---|---|
| ◎ | 1 | 経費節減 | 文具関のコストダウン 昨年対比30% | ①発注方式の改善 業者が在庫管理する方式に改める ②消耗品請求マニュアル作成 ③社内徹底キャンペーン | 交渉→移行→効果測定 ②→③ | 各部庶務担当者 | ⒶBC | ⒶBC 目標は達成 安定化の事 |
| | 2 | | | | | | ABC | ABC 予定どおりOK |
| | 3 | 電話マナーの向上 | スリーコール運動が浸透するまで | ①原因分析 ②チェックリストの作成配付 ③ポスター作成 | ①→②→③実施 | 課内 | ⒶBC | ⒶBC 定着化のエ夫が必要 |
| ○ | 4 | オペレーション・エラーの改善 | 前期 3％→1％ | ①FP化 ②帳票チェック | ①→②→実施 | | AⒷC 帳票チェック下期継続 | AⒷC よくやった |
| | 5 | | | | | | ABC | ABC |
| | 追加 | | | | | | ABC | ABC |
| 能 力 開 発 目 標 | | OA能力の向上 | 日常業務に適用できるレベル | 通信教育による自己啓発 | 実施 | | AⒷC 世間の進行に驚いた | AⒷC 当社も早く追付きたい |
| | | | | | | | ABC | ABC |

※加点事項（上記以外の革新・向上の事実、特命・飛込み業務）

※総合評価 ⒶBC

※経費節減は当期の全社目標、ただし、今期だけの試みで終わることなく、末期以降の定着化に留意すること。

在庫管理の外注化は大成功、業者との意思疎通・責任限界が大切。

①※欄は上司記入。②評価　Ａ：基準を大きく越えて達成した。Ｂ：目標をほぼ達成した。Ｃ：目標を十分達成できなかった。

上司 鈴木 三郎

# 人事課主任のシート

| 所属 |  | 氏名 志賀 直人 |

| 年度（上）／（下）MBOシート |

| 主要◎○ | 目標項目（なにを） | 達成基準（どれだけ） | 施策・手段（どのように） | スケジュール 4 5 6 7 8 9 | 関係先（どこと） | 本人評価 | 上司評価 |
|---|---|---|---|---|---|---|---|
| 業務目標 | 1 ◎ 資金関係報告書の改善 | 「わが社の資金白書」作成 | ①資金水準分析・グラフ化 ②最近の人件費と今後の予測 ③部門別人件費コスト分析 | 作成　　配付 |  | ⒶBC 改善の余地あるも完成 | ⒶBC 大いへんよい |
|  | 2 |  |  |  |  | ABC | ABC |
|  | 3 OJTマニュアルの改訂 | 改訂後マニュアル配付まで | ①当社の資金 ⑤退職準備金の状況 | ① ② ③ ④ | 関係部課 | AⒷC | ⒶBC 予定どおり |
|  | 4 ○ 人事DBの手直し | 部門アクセス基準の改訂 | ①関係各部ヒヤリング ②原案作成 ③印刷・配付 | ① ② ③ | 関係部門 | ⒶBC | ⒶBC 今後係々に拡大の方針 |
|  | 5 新人育成 | ①資金白書原案が作成できる ②人事異動手続きができる | ①基準策作成 ②各部門打ち合せ ③アクセス基準作成・配付 | ① ② ③ |  | AⒷC まあまあ | ABC 順調 |
|  | 追加 |  | ①パソコンのOPマスター ②「人件費管理」自己啓発 ③OJT | ① ② ③ |  | ABC | ABC |
| 能力開発目標 | 社内インストラクター | ①MBO導入教育（2回） ②FT指導（6回） | ①MBOセミナー受講 ②FT指導開発 ③自己啓発 | 受講 |  | ABⒸ 難しかった | ⒶBC よく頑張った |
|  |  |  |  |  | ※総合評価 Ⓐ B C おおむね良好であった |

※加点事項（上記以外の革新、向上の事実、特命・飛込み業務）

※画面談メモ
①資金関係データをDB→LANを視野に入れて推進のこと。
②今後、OJTマニュアル改訂原稿は各部門から提出させる方向で検討すること。ライン化をもっと進めること。

①※欄は上司記入。②評価　A：基準を大きく越えて達成した。B：目標をほぼ達成した。C：目標を十分達成できなかった。

上司　鶴川　喜平

## 事務課のシート

年度（上／下）MBOシート　　所属 営業事務課　　氏名 鳥田 留美

| 主要 ◎○ | 目標項目 (なにを) | 達成基準 (どれだけ) | 施策・手段 (どのように) | スケジュール 4 5 6 7 8 9 | 関係先 (どこと) | 本人評価 | 上司評価 |
|---|---|---|---|---|---|---|---|
| 業務目標 1 ◎ | 申込書記入例集の整理と備え付け | SL用、CK用記入例集が作成される | ①各QTから最新版記入②オリジナル版作成 | 手配 作成 配付 | 各QT | ABC なんとか作成 | ABC 表現をもう少し工夫を |
| 2 ○ | GS保険月末集中の排除 | 月中消化率 60%→70% | ①2次店への督促 ②fidマンの協力依頼 ③断内代理店訪問 | キャンペーン推進 | 2次店 fid 断内代理店 | ABC 65%達成 | ABC あと一息 方法工夫 |
| 3 | TEL応対の向上 | ①即時処理 ②翌日に繰り越さない | ①内容別に要件を区分 ②FAX、TELの振り分け ③fidマンの協力依頼 | ① ② 実行 評価 | fid | ABC 目標どおりできた | ABC よくやった |
| 4 |  |  |  |  |  | ABC | ABC |
| 5 |  |  |  |  |  | ABC | ABC |
| 追加 |  |  |  |  |  | ABC | ABC |
| 能力開発目標 | 保険3級コース | 修了・合格 | 通信教育による自己啓発 | 実施 |  | ABC 無事修了 | ABC OK |

※面談メモ　記載例集は近い将来、マルチ化の見込み。ただし、現行手作業による改善が基礎となるよう留意すること。(4/5)

※加点事項（上記以外の事実、特命・飛込み業務）
きめ細かく、よく努力した。

※総合評価 ABC

※※欄は①上司記入、②評価　A：基準を大きく越えて達成した。B：目標をほぼ達成した。C：目標を十分達成できなかった。

上司　土屋 和男

巻末資料

## 🏁 営業課のシート 🏁

年度（上／下）MBOシート　　　所属 営業1課　　氏名 青木 元

| 主要<br>◎○ | 目標項目<br>（なにを） | 達成基準<br>（どれだけ） | 施策・手段<br>（どのように） | スケジュール<br>4 5 6 7 8 9 | 関係先<br>（どこと） | 本人評価 | 上司評価 |
|---|---|---|---|---|---|---|---|
| 業務目標 1 ◎ | 予算10％アップ確保 | 増収額 95M | ①オムニバス代理店新設<br>②オートリース<br>③ベアシステムによる代理店管理 | 4.5M ─── 50M | | ⒶBC<br>100M達成 | ⒶBC<br>よく成功ル |
| 業務目標 2 | 大型代理店新設 | 1億円規模3店達成 | ①確立新規保険売込み<br>②系列借金ルート | 期中 | | ⒶBC<br>4店獲得<br>3店見込 | ⒶBC<br>すばらしい |
| 業務目標 3 | 新人育成 | ベアシステム新人2人<br>一人前に | ①OJT<br>②マニュアルによる自己啓発 | 期中 | | ⒶBC<br>順調に育った | ⒶBC<br>ご苦労さん |
| 4 | | | | | | ABC | ABC |
| 5 | | | | | | ABC | ABC |
| 追加 | | | | | | ABC | ABC |
| 能開目標 | 金融自由化の知識修得 | 営業マンとして必要な常識<br>レベル | ①書籍購入し自己啓発<br>②上司のアドバイス | 期中 | | ⒶBC<br>まずまず | ⒶBC<br>了解 |
| | | | | | | ABC | ABC |

※面談メモ
新規顧立保険はこのなかには信頼ルートが含まれている。今後の可能性を示す。

※追加事項（上記以外の革新・向上の事実、特命・飛込み業務）
大型店のなかには信頼ルートが含まれている。今後の可能性を示す。

※総合評価 Ⓐ
積極的に活動を推進し、大きな成果を上げた
訪問活動を推進し、大

上司 三谷 恭一

①※欄は上司記入。②評価 A：基準を大きく越えて達成した。B：目標をほぼ達成した。C：目標を十分達成できなかった。

巻末資料

## 学術課主査のシート

年度（上／下）MBOシート　　　　　　所属 学術課主査　氏名 西島 まり

| | | 主要 ○◎ | 目標項目 （なにを） | 達成基準 （どれだけ） | 施策・手段 （どのように） | スケジュール 4 5 6 7 8 9 | 関係先 （どこと） | 本人評価 | 上司評価 |
|---|---|---|---|---|---|---|---|---|---|
| 業 | | 1 ◎ | D抗ガン剤商品化計画 （下期継続） | ①仕様書作成 ②課外注の選択 ③製造基準書作成 | ①K博士との打ち合せ ②日大学医学部との打ち合せ ③開発コストの見積 | ←――――――→ | | ABC | ABC |
| 績 | | 2 | | ④販売ルート選定 ⑤処方作成 ⑥PR内容の設定 | ④薬事、公設申請スケジュール ⑤マーケティング販売との調整 ⑥原材料ルート、能力調査 | ←―――→ | 別添 | A(B)C 全体として は順調 | A(B)C ア了解 |
| 目 | | 3 | | | ⑦剤形決定 ⑧包装、デザイン決定 | | | ABC | ABC |
| 標 | | 4 | 部下の育成（君島、竜田） | ①内外製基準が理解できる （永本、君島） ②仕様書作成技術（竜田） | ①OJT ②自己啓発 | 期中 | | A(B)C スバルタで 申し訳ない く頑張った | A(B)C 多忙の中よ く頑張った |
| | | 5 | | | | | | ABC | ABC |
| | 追加 | | | | | | | ABC | ABC |
| 能 | | | | | | | | ABC | ABC |
| 開 | | | | | | | | ABC | ABC |
| 目 | | | | | | | | ABC | ABC |
| 標 | | | | | | | | ABC | ABC |

※面談メモ　H医学部とは緻密な協力関係のもとに推進すること。K博士、日医学部等との面前にはすべて社長に報告し了解を得ること。(4/5)

※追加事項（上記以外の事業、特命・飛込み業務）

※総合評価 A(B)C

①※欄は上司記入。　②評価　A：基準を大きく越えて達成した。B：目標をほぼ達成した。C：目標を十分達成できなかった。

きわめて難易度が高い業務。順調を祈る気持ち。

上司 加藤 哲攻

巻末資料

# 検査課課長代理のシート

| | 目標項目<br>(なにを) | 達成基準<br>(どれだけ) | 施策・手段<br>(どのように) | スケジュール<br>4 5 6 7 8 9 | 関係先<br>(どこと) | 本人評価 | 上司評価 |
|---|---|---|---|---|---|---|---|
| 主要<br>1 ◎ | AC発色剤の受入れ検査工程の改善 | 1ロットあたり30分→15分 | ①新鋭機導入・スペースの活用<br>②検査マニュアルの改訂 | ①————②————③ | 購買課<br>総務課 | A Ⓑ C<br>予定どおり | Ⓐ Ⓑ C<br>OK<br>汚染は継続 |
| 業 2 ◎ | 微生物試験の新技術の特許申請 | 特許申請受理 | ①データ整理<br>②原稿作成・印刷<br>③申請書作成 | ①————②————③ | 英国ラボ<br>山本特許<br>特許庁 | Ⓐ Ⓑ C<br>申請受理 | Ⓐ Ⓑ C<br>予定どおり<br>OK |
| 績 3 | 新人育成(勝沼君) | BCT細菌汚染防止方法の知識と関係課指導能力 | ①OJT<br>②自己啓発<br>③セミナー | ①————②8/2 | 医薬協会 | A Ⓑ C<br>順調に育った | Ⓐ Ⓑ C<br>OK |
| 目 4 | | | | | | A B C | A B C |
| 標 5 | | | | | | A B C | A B C |
| 追加 | | | | | | A B C | A B C |
| 能 開 目 標 | 無菌化技術・能力の向上 | 指定化学工場の管理レベル | ①技術研究<br>②文献調査 | 実施 | | Ⓐ B C<br>技術用語は継続して理解した | A B C<br>継続して健闘のこと |
| | | | | | | A B C | Ⓐ B C |

※面談メモ<br>検査工程の自動化は長年の課題。期待が大きいので頑張れ。<br>特許申請は関連事業のスタート台であるので慎重着実に進めること。(4/3)

※追加点事項(上記以外の革新・向上の事実、特命・飛込み業務)

※総合評価<br>着実によく努力している。満足。

①※欄は上司記入。②評価 A:基準を大きく越えて達成した。B:目標をほぼ達成した。C:目標を十分達成できなかった。

上司 鈴木 三郎

巻末資料

## 様式例（その１）

### ＭＢＯシート

年度 ○○

| 主要◎○ | 目標項目（なにを） | 達成基準（どれだけ） | 施策・手段（どのように） | 所属 | | | | | | 氏名 | | 上司役職位 | | 氏名 | | |
|---|---|---|---|---|---|---|---|---|---|---|---|---|---|---|---|---|
| | | | | 上期スケジュール 4 5 6 7 8 9 | | | | | | 本人 上司 | | 本人 上司 | | 下期スケジュール 10 11 12 1 2 3 | 本人 上司 | 目標難易度・達成レベル 本人コメント 上司コメント 通年評価 本人 上司 |
| 1 | | | | | | | | | | ABC ABC | | ABC ABC | | | ABC ABC | ABC ABC |
| 2 | | | | | | | | | | ABC ABC | | ABC ABC | | | ABC ABC | ABC ABC |
| 3 | | | | | | | | | | ABC ABC | | ABC ABC | | | ABC ABC | ABC ABC |
| 4 | | | | | | | | | | ABC ABC | | ABC ABC | | | ABC ABC | ABC ABC |
| 5 | | | | | | | | | | ABC ABC | | ABC ABC | | | ABC ABC | ABC ABC |
| 6 | | | | | | | | | | ABC ABC | | ABC ABC | | | ABC ABC | ABC ABC |
| 7 | | | | | | | | | | ABC ABC | | ABC ABC | | | ABC ABC | ABC ABC |
| 8 | | | | | | | | | | ABC ABC | | ABC ABC | | | ABC ABC | ABC ABC |
| 9 | | | | | | | | | | ABC ABC | | ABC ABC | | | ABC ABC | ABC ABC |
| 10 | | | | | | | | | | ABC ABC | | ABC ABC | | | ABC ABC | ABC ABC |
| 総括目標 | | | | ※記述事項（上記以外の革新・向上の事業、特命・飛込み事項） | | | | | | | | | | | | ※総合評価 A：基準を大きく越えて達成した。B：目標をほぼ達成した。C：目標を十分達成できなかった。 |

※面談メモ

巻末資料

## 様式例(その2)

年度 ( 上 / 下 ) MBOシート　　所属　　　　氏名

| | 目標項目<br>(なにを) | 達成基準<br>(どれだけ) | 施策・手段<br>(どのように) | スケジュール | 関係先<br>(どこと) | 本人評価 | 上司評価 |
|---|---|---|---|---|---|---|---|
| 業績目標 主要◎○ 1 | | | | | | A B C | A B C |
| 2 | | | | | | A B C | A B C |
| 3 | | | | | | A B C | A B C |
| 4 | | | | | | A B C | A B C |
| 5 | | | | | | A B C | A B C |
| 追加 | | | | | | A B C | A B C |
| 能開目標 | | | | | | A B C | A B C |
| | | | | | | A B C | A B C |
| ※面談メモ | | | ※加点事項(上記以外の革新・向上の事実、特命・飛込み業務) | | | ※総合評価 | A B C |
| ①※欄は上司記入、②評価 A:基準を大きく越えて達成した。B:目標をほぼ達成した。C:目標を十分達成できなかった。 | | | | | | | 上司 |

〈著者紹介〉
**串田　武則**（くしだ　たけのり）
1961年、早稲田大学卒業、北海道電力、産能大学をへて日本経営労務研究所を設立。
組織制度、役職制度、職務等級制度、賃金制度、ポイント制退職金制度、評価制度、能力開発制度等をMBOに統合し、高度な理論と実践指導に定評がある。コンピュータシステム設計にも詳しく賃金設計・賃金運用・ポイント制退職金システム［WAGES］を開発。
著書は「目標管理を成功させる実務手順」（中経出版）「実用賃金表入門」「賃金管理マニュアル」「人事大作戦」（経営書院）などがある。

〈連絡先〉
〒332-0021 川口市西川口3-15-20-701
日本経営労務研究所
info@wages.jp
Fax.048-259-3621

（改訂版）目標管理マニュアル

| | |
|---|---|
| 1994年10月13日　第1版第1刷発行 | 定価はカバーに表示してあります。 |
| 2001年10月25日　第1版第8刷発行 | |
| 2003年6月24日　第2版第1刷発行 | |
| 2005年11月21日　第2版第2刷発行 | |

著　者　　串　田　武　則

発行者　　平　　盛　之

発行所　㈱産労総合研究所
　　　　出版部　経営書院

〒102-0093
東京都千代田区平河町2－4－7清瀬会館
電話 03（3237）1601　振替00180-0-11361

落丁・乱丁はお取替えいたします。　　印刷・製本　藤原印刷
©Takenori Kushida 1994-2005 Printed in Japan

ISBN4-87913-854-1　C2034